José Merino

Catálogo de expresiones para la traducción inversa Español - Inglés

Catalogue of Expressions for Spanish - English Translation

Eighth Edition

ANGLO DIDACTICA PUBLISHING

ISBN: 84-86623-88-X
Depósito legal: M-19.127-2003

Anglo-Didáctica Publishing
c/ Santiago de Compostela, 16
28034 Madrid – Spain.
Tel: +34 91 378 01 88.

Impreso por Fareso, S.A.
Paseo de la Dirección, 5 – 28039 Madrid.

PRESENTACION

En esta obra se han recogido más de 7.000 frases y expresiones de uso corriente, que son de gran utilidad para traducir un texto del español al inglés o para expresar una idea en inglés.

Se trata de proporcionar al usuario una gran cantidad y variedad de "fragmentos de frases" del lenguaje general que puedan ser aplicados en distintas situaciones y en diversos contextos, con un fin comunicativo.

Para hallar la expresión que se requiere, es preciso buscarla por la primera palabra de la misma; así la frase "Por la noche" aparece por la letra *P - Por la noche ~ At night.*

Entre las expresiones recogidas, se ha incluido un gran número de frases que contienen preposiciones, ya que la traducción de las mismas es siempre motivo de dificultad. En algunos casos, la preposición española no aparece en el equivalente inglés: *Mudarse de casa ~ To move house*; o viceversa, como es el caso de: *Escuchar la radio ~ To listen to the radio.* También puede ser que la preposición española no coincida con la inglesa: *Muy interesado por algo ~ Very interested in something.*

Además, entre las traducciones, se han introducido numerosas alternativas, como por ejemplo: *Pasar el tiempo ~ To pass the time. / To spend one's time. / To while away the time.*

Se ha hecho especial hincapié en la colocación del objeto directo e indirecto en muchos verbos, como es el caso de *Dar algo a alguien ~ To give someone something. / To give something to someone.*

Los autores.

A

A altas horas de la madrugada ~ *In the small hours.*
A bajo precio ~ *At a low price.*
A beneficio de ~ *For the benefit of.*
A bordo ~ *On board.*
A buen precio ~ *At a good price.*
A buena hora ~ *It's about time.*
A caballo ~ *On horseback.*
A cada dos por tres ~ *Continually.*
A cada lado ~ *On either side / On both sides.*
A cada momento ~ *All the time.*
A cada paso ~ *At every step.*
A cada uno lo suyo ~ *To each his own / Each to his own.*
A cambio de ~ *In exchange for / In return for.*
A campo traviesa ~ *Across country.*
A causa de ~ *Because of / On account of.*
A causa del mal tiempo ~ *Because of bad weather.*
A ciegas ~ *Blindly.*
A ciencia cierta ~ *With certainty.*
A continuación (como se detalla) ~ *As follows.*
A continuación (en un escrito) ~ *Below.*
A continuación (seguidamente) ~ *Next.*
A costa de ~ *At the cost of / At the expense of.*
A costa de lo que sea ~ *Cost what it may / Whatever the cost.*
A crédito ~ *On credit.*
A cuadros (una tela) ~ *Checked.*
A cualquier edad ~ *At any age.*
A cualquier precio ~ *At any price.*
A cuatro patas ~ *On all fours.*
A cuestas ~ *On one's back.*
A decir verdad ~ *To tell the truth / Actually.*
A diario ~ *Every day.*

A diestro y siniestro ~ *Right and left.*
A dos kilómetros de aquí ~ *Two kilometres from here.*
A dos millas de distancia ~ *Two miles away.*
A dos pasos ~ *A short distance away.*
A duras penas ~ *With utmost difficulty.*
A ese paso ~ *At that rate.*
A eso de las siete ~ *At about seven.*
A espaldas de alguien ~ *Behind someone's back.*
A esta hora del día ~ *At this time of day.*
A estas alturas ~ *At this stage.*
A estas horas ~ *By now.*
A estas palabras ~ *At these words.*
A este paso ~ *At this rate.*
A este respecto ~ *In this respect.*
A excepción de ~ *With the exception of.*
A expensas de ~ *At the expense of.*
A falta de ~ *For want of / For lack of.*
A favor de ~ *In favour of.*
A fin de ~ *In order to / So as to.*
A fin de cuentas ~ *In the end / After all.*
A finales de otoño ~ *In late autumn.*
A finales del mes que viene ~ *At the end of next month.*
A flor de piel ~ *Skin-deep.*
A fuerza de ~ *By dint of.*
A gatas ~ *On all fours / On hands and knees.*
A gran velocidad ~ *At high speed / At great speed.*
A grito pelado ~ *At the top of one's voice.*
A instancias de alguien ~ *At someone's request.*
A intervalos ~ *At intervals / On and off.*
A intervalos regulares ~ *At regular intervals.*
A juego ~ *To match / Matching.*
A juzgar por ~ *Judging by / Judging from.*
A juzgar por las apariencias ~ *Judging from appearances.*
A la búsqueda de ~ *In search of.*
A la cabeza de (dirigiendo) ~ *At the head of.*
A la cabeza de la lista ~ *At the top of the list.*
A la chita callando ~ *On the quiet / On the sly.*

A la corta o a la larga ~ *Sooner or later.*
A la derecha ~ *On the right.*
A la derecha del cuadro ~ *On the right side of the picture.*
A la diez de la mañana ~ *At ten o'clock in the morning.*
A la dos horas ~ *Two hours later.*
A la edad de seis años ~ *At the age of six.*
A la fuerza ~ *By force / Of necessity.*
A la hora (puntualmente) ~ *On time.*
A la hora acostumbrada ~ *At the usual time.*
A la hora fijada ~ *At the appointed time.*
A la izquierda ~ *On the left.*
A la izquierda del cuadro ~ *On the left side of the picture.*
A la larga ~ *In the long run / In the end.*
A la ligera ~ *Lightly.*
A la llegada ~ *On arrival.*
A la luz del día ~ *In daylight.*
A la mañana siguiente ~ *The next morning.*
A la mayor brevedad ~ *As soon as possible.*
A la mitad del camino cuesta abajo ~ *Half way down.*
A la mitad del camino cuesta arriba ~ *Half way up.*
A la moda inglesa ~ *In the English style.*
A la par ~ *At the same time.*
A la primera oportunidad ~ *At the first opportunity.*
A la puerta ~ *At the door.*
A la puerta del cine ~ *Outside the cinema.*
A la puesta del sol ~ *At sunset.*
A la salida del sol ~ *At sunrise.*
A la sombra ~ *In the shade.*
A la venta ~ *On sale / For sale.*
A la ventana ~ *At the window.*
A la vez ~ *At a time.*
A la vista ~ *In sight.*
A la vista de todos ~ *In full view of everybody / Openly.*
A la vuelta de la esquina ~ *Round the corner.*
A lápiz ~ *In pencil.*
A largo plazo ~ *In the long run.*
A las cinco en punto ~ *At five o'clock sharp.*

A las órdenes de ~ *Under the orders of.*
A las tantas ~ *Very late.*
A las tantas de la madrugada ~ *Very late at night.*
A lo cual ~ *On which / Upon which / Whereupon.*
A lo largo de la carretera ~ *Along the road.*
A lo lejos ~ *Far away / In the distance.*
A lo más ~ *At the most.*
A lo más tardar ~ *At the latest.*
A lo que parece ~ *As it seems.*
A lo sumo ~ *At the most.*
A los dos años ~ *Two years later.*
A los pies de alguien ~ *At someone's feet.*
A los pocos años ~ *A few years later.*
A los setenta años de edad ~ *At the age of seventy.*
A mano (cerca) ~ *At hand.*
A mano (hecho) ~ *By hand.*
A mano derecha ~ *On the right-hand side.*
A mano izquierda ~ *On the left-hand side.*
A manos de ~ *At the hands of.*
A manos llenas ~ *By the handful.*
A máquina ~ *By machine.*
A marchas forzadas ~ *At a rapid pace.*
A más no poder ~ *To the utmost.*
A media noche ~ *At midnight.*
A media tarde ~ *In the middle of the afternoon.*
A mediados de junio ~ *In the middle of June / In mid-June.*
A mediados del verano ~ *Around the middle of summer.*
A medida que pasaban los años ~ *As the years passed by.*
A medio camino ~ *Half-way.*
A menos que ~ *Unless.*
A menudo ~ *Often / Frequently.*
A merced de ~ *At the mercy of.*
A mi alcance ~ *Within my reach.*
A mi edad ~ *At my age.*
A mi entender ~ *To my way of thinking / To my mind.*
A mi favor ~ *In my favour.*
A mi gusto ~ *To my taste / To my liking.*

A mi lado ~ *By my side / At my side / Beside me.*
A mi llegada ~ *On my arrival.*
A mi partida ~ *On my departure.*
A mi paso ~ *At my pace.*
A mi pesar ~ *To my regret / To my sorrow.*
A mi regreso ~ *On my return.*
A mitad de camino cuesta abajo ~ *Half-way down.*
A mitad de camino cuesta arriba ~ *Half-way up.*
A mitad de la mañana ~ *In the middle of the morning.*
A mitad de precio ~ *At half-price.*
A no ser por ti ~ *If it were not for you.*
A ojos vista ~ *Openly / Visibly.*
A orillas del mar ~ *At the seaside / At the coast.*
A oscuras ~ *In the dark.*
A partes iguales ~ *Fifty-fifty / Equal shares.*
A partir de ahora ~ *From now on.*
A partir de aquel día ~ *From that day on.*
A paso de tortuga ~ *At a snail's pace.*
A pasos agigantados ~ *By leaps and bounds.*
A pedazos ~ *In pieces / In bits.*
A pesar de eso ~ *In spite of that / Despite that.*
A pesar de todo ~ *In spite of it all / Despite everything.*
A petición (por encargo) ~ *On request.*
A petición de alguien ~ *At someone's request.*
A pie ~ *On foot.*
A plena luz del día ~ *In broad daylight.*
A poca distancia ~ *Not far off / A short distance away.*
A precios muy razonables ~ *At very reasonable prices.*
A primera vista ~ *At first sight.*
A primeros de junio ~ *Early in June / At the beginning of
    June.*
A principios de siglo ~ *At the beginning of the century.*
A propósito (adrede) ~ *On purpose.*
A propósito (de paso) ~ *By the way.*
A prueba ~ *On trial.*
A puerta cerrada ~ *Behind closed doors.*
A punto de hacer algo ~ *About to do something.*

A puñados ~ *By the handful.*
A ratos ~ *At times / From time to time.*
A ratos libres ~ *In one's leisure time.*
A ratos perdidos ~ *In odd moments.*
A raya ~ *At bay.*
A sabiendas ~ *Deliberately / Knowingly.*
A sesenta millas por hora ~ *At sixty miles an hour.*
A simple vista ~ *At first sight / At a glance.*
A solas ~ *By oneself / (All) alone.*
A su debido tiempo ~ *In due time / In due course.*
A su disposición ~ *At your service / At your disposal.*
A su entera disposición ~ *Entirely at your disposal.*
A su hora ~ *At the scheduled time.*
A sus órdenes ~ *At your service.*
A tales extremos ~ *To such a point / To such extremes.*
A tiempo para la comida ~ *In time for lunch.*
A tinta ~ *In ink.*
A toda costa ~ *At all costs.*
A toda velocidad ~ *At full speed / At top speed.*
A todas horas ~ *At all hours / All the time.*
A todas luces ~ *Obviously / Evidently.*
A todo color ~ *In full colour.*
A todo correr ~ *At full speed / At top speed.*
A todos los niveles ~ *At all levels.*
A través de los siglos ~ *Over the centuries.*
A través de un agujero ~ *Through a hole.*
A través de un túnel ~ *Through a tunnel.*
A través de una ventana ~ *Through a window.*
A través de los tiempos ~ *Through the ages.*
A través del tiempo ~ *In the course of time / Over time.*
A trompicones ~ *By fits and starts.*
A última hora ~ *At the last moment.*
A últimos de mayo ~ *Towards the end of May.*
A un alto precio ~ *At a high price.*
A un tiempo ~ *At a time.*
A una distancia de dos millas ~ *Two miles away / Two miles off.*

A una edad muy temprana ~ *At a very early age.*
A una milla de distancia ~ *A mile away / A mile off.*
A veces ~ *At times / Sometimes.*
A veinte metros de altura ~ *Twenty metres high.*
A voleo ~ *At random.*
A voluntad ~ *At will / As one wishes.*
A voz en grito ~ *At the top of one's voice.*
A vuelta de correo ~ *By return of post.*
Abajo del todo ~ *Right at the bottom.*
Abandonar una idea ~ *To give up an idea.*
Abandonarse a la desesperación ~ *To give way to despair.*
Abierto de par en par ~ *Wide-open.*
Abofetear a alguien ~ *To slap someone.*
Abogar por alguien ~ *To put in a good word for someone.*
Abotonar una chaqueta ~ *To button up a jacket.*
Abran paso! ~ *Clear the way!*
Abrigar a alguien ~ *To wrap someone up warm.*
Abrigarse con una manta ~ *To wrap oneself up in a blanket.*
Abrir a la fuerza ~ *To break open.*
Abrir camino ~ *To clear the way.*
Abrir el agua ~ *To turn the water on.*
Abrir el apetito ~ *To whet the appetite.*
Abrir el gas ~ *To turn the gas on.*
Abrir fuego ~ *To open fire.*
Abrir la luz ~ *To switch the light on.*
Abrir la puerta (al llamar alguien) ~ *To answer the door.*
Abrir la puerta de par en par ~ *To open the door wide.*
Abrir la puerta de un empujón ~ *To push the door open.*
Abrir la radio ~ *To turn the radio on.*
Abrir paso ~ *To make way / To clear the way.*
Abrir un grifo ~ *To turn a tap on.*
Abrir una caja fuerte (forzándola) ~ *To break open a safe.*
Abrir una tienda (un negocio) ~ *To open a shop.*
Abrirse camino ~ *To make's one way.*
Abrirse paso a la fuerza ~ *To force one's way through.*
Abrirse paso en la vida ~ *To make one's way in life.*
Abrocharse la chaqueta ~ *To do up one's jacket.*

Abrocharse los botones ~ *To do up one's buttons.*
Absorto en algo ~ *Absorbed in something.*
Abstenerse de fumar ~ *To refrain from smoking.*
Abstenerse de tomar café ~ *To abstain from coffee.*
Absuelto de un delito ~ *Acquitted of a crime.*
Absuelto del delito de robar ~ *Acquitted of stealing.*
Aburrir a alguien con una historia ~ *To bore someone with a story.*
Aburrirse con algo ~ *To become bored with something.*
Abusar de la amistad ~ *To take unfair advantage of friendship.*
Abusar de la bebida ~ *To drink too much.*
Acá y allá ~ *Here and there.*
Acabar algo ~ *To bring something to an end / To finish something.*
Acabar bien (una historia) ~ *To have a happy ending.*
Acabar con algo ~ *To put an end to something.*
Acabar la carrera de médico ~ *To qualify as a doctor.*
Acabar por hacer algo ~ *To end up (by) doing something.*
Acariciar a un perro ~ *To stroke a dog.*
Acceder a una petición ~ *To agree to a request.*
Acceder al trono ~ *To accede to the throne.*
Accionado por cuerda ~ *Driven by clockwork.*
Accionado por electricidad ~ *Driven by electricity.*
Accionado por pilas ~ *Battery driven.*
Acechar a alguien ~ *To lie in wait for someone.*
Acelerar el paso ~ *To quicken one's pace.*
Aceptar una invitación ~ *To accept an invitation.*
Acerca de lo dicho ~ *Relating to what has been said / In relation to what was said.*
Acercar algo ~ *To bring something near.*
Acercar una silla ~ *To draw up a chair / To pull up a chair.*
Acercarse a alguien ~ *To come up to someone / To go up to someone / To approach someone.*
Acercarse a un lugar ~ *To get near a place.*
Acertar con la casa (buscándola) ~ *To find the house.*
Aclamar a alguien ~ *To acclaim someone.*

Aclararse la garganta ~ *To clear one's throat.*

Acomodarse para dormir ~ *To settle down to sleep.*

Acompañado al piano por ~ *Accompanied at the piano by.*

Acompañado de alguien ~ *Accompanied by someone.*

Acompañar a alguien ~ *To accompany someone.*

Acompañar a alguien a la salida ~ *To show someone out / To show someone to the door.*

Aconsejar a alguien que haga algo ~ *To advise someone to do something.*

Aconsejar a alguien sobre algo ~ *To advise someone on something / To give someone advice about something.*

Acordarse de algo ~ *To remember something.*

Acordarse de alguien ~ *To remember someone.*

Acorralar a alguien ~ *To corner someone.*

Acortar algo ~ *To make something shorter / To shorten something.*

Acostar a un niño ~ *To put a child to bed.*

Acostarse después de comer ~ *To lie down after lunch.*

Acostumbrar a hacer algo ~ *To be in the habit of doing something.*

Acostumbrarse a algo ~ *To get used to something.*

Acostumbrarse a hacer algo ~ *To get used to doing something.*

Acto seguido ~ *Immediately afterwards.*

Acudir a la oficina ~ *To go to the office.*

Acudir a una cita ~ *To keep an appointment.*

Acudir a una reunión ~ *To attend a meeting.*

Acudir en ayuda de alguien ~ *To come to someone's assistance.*

Acudir en socorro de alguien ~ *To go to someone's aid / To come to someone's rescue.*

Acuerdo sobre algo ~ *Agreement on something.*

Acusar a alguien ~ *To make an accusation against someone.*

Acusar a alguien de robar ~ *To accuse someone of stealing.*

Acusar a alguien de un delito ~ *To accuse someone of a crime.*

Acusar recibo ~ *To acknowledge receipt.*

Adelantar a alguien ~ *To get ahead of someone.*
Adelantar a un coche ~ *To overtake a car.*
Adelantar un reloj ~ *To put a clock (a watch) forward.*
Además de ~ *In addition to / Besides / As well as.*
Además de eso ~ *Besides that / Furthermore.*
Adjuntar una copia ~ *To enclose a copy / To attach a copy.*
Administrar justicia ~ *To administer justice.*
Admirar a alguien por su valor ~ *To admire someone for his bravery.*
Admitir a alguien (en un empleo) ~ *To take someone on.*
Admitir a alguien a un examen ~ *To allow someone to sit for an examination.*
Admitir a alguien en un club ~ *To admit someone into a club.*
Admitir haber hecho algo ~ *To admit having done something.*
Adoptar como hijo ~ *To adopt as a son.*
Adquirir experiencia ~ *To gain experience.*
Adquirir popularidad ~ *To grow in popularity.*
Adular a alguien ~ *To flatter someone.*
Aferrarse a una opinión ~ *To stick to an opinion.*
Aficionado a algo ~ *Fond of something / Keen on something.*
Afilar un cuchillo ~ *To sharpen a knife.*
Afilar un lápiz ~ *To sharpen a pencil.*
Aflojar la cuerda ~ *To let the rope go slack / To loosen the rope.*
Afrontar las consecuencias ~ *To face up to the consequences.*
Afrontar una situación ~ *To face up to a situation.*
Agarrar a alguien ~ *To get hold of someone.*
Agarrar algo ~ *To get hold of something / To grab something.*
Agarrarse a algo ~ *To cling to something.*
Agarrarse a un clavo ardiendo ~ *To clutch at a straw.*
Agarrarse fuerte ~ *To hold tight.*
Agasajar a alguien ~ *To give someone a warm welcome.*
Agobiado de trabajo ~ *Overwhelmed by work.*
Agotársele algo (a alguien) ~ *To run out of something.*
Agradar a alguien ~ *To please someone.*
Agradecer a alguien algo ~ *To thank someone for something.*
Aguantar a alguien ~ *To put up with someone.*

Aguantarse con algo ~ *To put up with something.*
Aguzar el ingenio ~ *To sharpen one's wits.*
Aguzar el oído ~ *To strain one's ears / To prick up one's ears.*
Aguzar la vista ~ *To look closely.*
Ahí abajo ~ *Down there.*
Ahí arriba ~ *Up there.*
Ahí dentro ~ *In there.*
Ahí fuera ~ *Out there.*
Ahora mismo ~ *Right now / Right away.*
Ahora o nunca ~ *Now or never.*
Ahorrar dinero ~ *To save money.*
Ahorrar para comprarse algo ~ *To save up to buy something.*
Ahorrar tiempo ~ *To save time.*
Ahuyentar a un animal ~ *To frighten an animal away / To scare an animal away.*
Aislar una cosa de otra ~ *To isolate one thing from another.*
Ajustar cuentas ~ *To settle accounts.*
Al abrigo de ~ *Sheltered from.*
Al acecho ~ *Lying in wait.*
Al acercarse la primavera ~ *At the coming of spring / At spring's approach.*
Al aire libre ~ *In the open air.*
Al alba ~ *At daybreak / At dawn.*
Al alcance de la mano ~ *Within reach of one's hand / At hand / On hand.*
Al alcance de la vista ~ *Within sight.*
Al amanecer ~ *At dawn / At daybreak.*
Al anochecer ~ *At nightfall / At dusk.*
Al azar ~ *At random.*
Al bajar (por una cuesta) ~ *On the way down.*
Al bajar algo ~ *When taking something down.*
Al borde del plato ~ *On the side of the plate.*
Al cabo de tres días ~ *After three days.*
Al cabo de una semana ~ *At the end of a week.*
Al caer la noche ~ *At nightfall.*
Al comienzo ~ *At the beginning / At the start.*

Al comienzo de la obra ~ *At the beginning of the play.*
Al comienzo de la página ~ *At the top of the page.*
Al comienzo de la semana ~ *At the beginning of the week.*
Al contado ~ *Cash.*
Al contrario ~ *On the contrary.*
Al corriente ~ *Up to date.*
Al costado de ~ *At the side of.*
Al cuidado de ~ *In the care of.*
Al dar las nueve ~ *On the stroke of nine.*
Al decir estas palabras ~ *On saying these words.*
Al dejar la escuela ~ *After leaving school.*
Al despuntar el alba ~ *At the break of dawn / At daybreak.*
Al día siguiente ~ *The following day / The next day / The day
    after.*
Al entrar ~ *On the way in / On entering.*
Al extremo de la mesa ~ *At the end of the table.*
Al filo de la medianoche ~ *On the stroke of midnight.*
Al fin solos! ~ *Alone at last!*
Al fin y al cabo ~ *After all / In the end.*
Al fin! ~ *At last! / Finally!*
Al final de la calle ~ *At the end of the street.*
Al final de la cola ~ *At the back of the queue.*
Al final de la historia ~ *At the end of the story.*
Al final de la lección ~ *At the end of the lesson.*
Al final de la obra ~ *At the end of the play.*
Al final de la página ~ *At the bottom of the page.*
Al final de la semana ~ *At the end of the week.*
Al final del año ~ *At the end of the year.*
Al final del día ~ *At the end of the day.*
Al final del mes ~ *At the end of the month.*
Al fondo de la calle ~ *At the end of the street.*
Al fondo de la clase ~ *At the back of the classroom.*
Al frente de (a cargo) ~ *In charge of.*
Al frente de (delante) ~ *Ahead of / At the front of.*
Al galope ~ *At a gallop / At the gallop.*
Al gusto de uno ~ *According to one's taste.*
Al instante ~ *Right away / At once.*

Al lado de ~ *At the side of / Beside / Next to.*
Al lado de uno (alguien) ~ *At one's side.*
Al lado del fuego ~ *By the fire / Beside the fire.*
Al lado del plato ~ *By the side of the plate / Beside the plate.*
Al lado mismo de la iglesia ~ *Right beside the church.*
Al ladrón! ~ *Stop thief!*
Al llegar ~ *On arriving / Upon arrival.*
Al llegar a casa ~ *On arriving home / On reaching home.*
Al llegar a Francia ~ *On arriving in France.*
Al llegar al cine ~ *On arriving at the cinema.*
Al menos ~ *At least.*
Al mes (cada mes) ~ *A month.*
Al mismo tiempo ~ *At the same time.*
Al momento ~ *Right away / At once.*
Al nacer ~ *At birth.*
Al oír estas palabras ~ *On hearing these words.*
Al otro día ~ *The next day / The following day / The day after.*
Al otro extremo de ~ *At the other end of.*
Al otro lado (con movimiento) ~ *To the other side.*
Al otro lado (sin movimiento) ~ *On the other side.*
Al otro lado de la calle ~ *Across the street / On the other side of the road.*
Al otro lado del camino ~ *Across the way.*
Al parecer ~ *Apparently.*
Al pasar ~ *As you go past.*
Al pasar lista ~ *At the roll call / On calling the register.*
Al pensarlo mejor ~ *On second thoughts.*
Al pie de la letra ~ *To the letter.*
Al pie de la montaña ~ *At the foot of the mountain.*
Al poco rato ~ *After a while / Shortly after.*
Al ponerse el sol ~ *At sunset / When the sun goes down.*
Al primer intento ~ *At the first attempt.*
Al principio ~ *At the beginning.*
Al principio de la página ~ *At the top of the page.*
Al principio de la semana ~ *At the beginning of the week.*
Al raso ~ *In the open air.*

Al revés (al contrario) ~ *The other way round.*
Al revés (lo de arriba, abajo) ~ *Upside down.*
Al revés (lo de dentro, fuera) ~ *Inside out.*
Al revés (lo de detrás, delante) ~ *Back to front.*
Al revés de lo que dicen ~ *Contrary to what they say.*
Al rojo vivo ~ *Red hot.*
Al salir ~ *On the way out.*
Al salir de la oficina ~ *On leaving the office.*
Al sol ~ *In the sun / In the sunshine.*
Al subir ~ *On the way up.*
Al volante ~ *At the wheel.*
Alargar algo ~ *To make something longer / To lengthen something.*
Alargar la mano ~ *To hold one's hand out / To stretch out one's hand.*
Alarmado por algo ~ *Alarmed at something / Alarmed by something.*
Alcanzar a alguien ~ *To catch up with someone / To catch someone up.*
Alcanzar a ver algo ~ *To manage to see something.*
Alegrar a alguien ~ *To cheer someone up.*
Alejarse a toda prisa ~ *To hurry off / To rush off.*
Alejarse andando ~ *To walk away.*
Alejarse de un lugar (andando) ~ *To walk away from a place.*
Alejarse de un lugar (en coche) ~ *To drive away from a place.*
Alejarse de un lugar (marcharse) ~ *To go away from a place.*
Algo más? ~ *Anything else?*
Algún día ~ *Some day.*
Alguna vez ~ *Sometimes / Occasionally.*
Alguna vez que otra ~ *Now and then.*
Algunas veces ~ *Sometimes.*
Algunos de ellos ~ *Some of them.*
Aligerar el paso ~ *To quicken one's pace.*
Alimentarse de pescado ~ *To live on fish / To feed on fish.*
Alistarse en el ejército ~ *To join the army / To enlist in the army.*

Aliviar el dolor ~ *To relieve the pain.*
Allá a lo lejos ~ *Away in the distance.*
Allá abajo ~ *Down there.*
Allá arriba ~ *Up there.*
Allá por el año 1990 ~ *Back in 1990 / Around about 1990.*
Allá por junio ~ *Sometime around June.*
Allá por los años treinta ~ *Back in the thirties.*
Allí mismo ~ *Right there.*
Alojar a alguien ~ *To put someone up.*
Alojarse en un hotel ~ *To put up at a hotel / To stay at a
        hotel.*
Alquilar un piso (como inquilino) ~ *To rent a flat.*
Alquilar un piso (como propietario) ~ *To let a flat.*
Alquilar una barca ~ *To hire a boat.*
Alzar el vuelo (un pájaro) ~ *To fly away.*
Alzarse en armas ~ *To rise up in arms.*
Amable con alguien ~ *Kind to someone.*
Amable por naturaleza ~ *Kind by nature.*
Amar con locura ~ *To love madly.*
Amarrar una barca ~ *To moor a boat.*
Amenazar con hacer algo ~ *To threaten to do something.*
Aminorar la marcha ~ *To slow down.*
Andando el tiempo ~ *In the course of time / As time goes on.*
Andar a cuatro patas ~ *To walk on all fours.*
Andar a gatas ~ *To crawl on all fours.*
Andar a la pata coja ~ *To hop along.*
Andar a tientas en la oscuridad ~ *To feel one's way in the
        dark.*
Andar bajo la lluvia ~ *To walk in the rain.*
Andar con cuidado ~ *To watch one's step.*
Andar con malas compañías ~ *To get into bad company.*
Andar con prisas ~ *To be in a rush.*
Andar de acá para allá ~ *To walk about.*
Andar de puntillas ~ *To walk on tiptoe.*
Andar de un lado para otro ~ *To walk up and down.*
Andar escaso de tiempo ~ *To be short of time.*
Andar mal de dinero ~ *To be short of money.*

19

Andar mendigando ~ *To go begging.*
Andar millas y millas ~ *To walk for miles and miles.*
Andar por los campos ~ *To walk in the fields.*
Andar por los sesenta ~ *To be in one's sixties.*
Andar sin rumbo ~ *To walk aimlessly.*
Andarse con rodeos ~ *To beat about the bush.*
Andarse por las ramas ~ *To beat about the bush.*
Anhelar algo ~ *To long for something.*
Animar a alguien (que está triste) ~ *To cheer someone up.*
Animar a alguien a hacer algo ~ *To encourage someone to do something.*
Anotar algo en un papel ~ *To write something down on a slip of paper.*
Ante alguien ~ *In the presence of someone.*
Ante el peligro ~ *In the face of danger.*
Ante la adversidad ~ *In the face of adversity.*
Ante mis propios ojos ~ *Before my very eyes.*
Ante tanta amabilidad ~ *Seeing how very kind she was.*
Ante todo ~ *First of all / Above all.*
Anteayer ~ *The day before yesterday.*
Anteayer por la noche ~ *The night before last.*
Antes bien ~ *On the contrary.*
Antes citado ~ *Above-mentioned.*
Antes de ahora ~ *Before now.*
Antes de fin de año ~ *Before the end of the year.*
Antes de mucho tiempo ~ *Before long.*
Antes de salir ~ *Before going out.*
Antes de un mes ~ *Within a month.*
Antes del anochecer ~ *Before nightfall / Before dark.*
Antojársele algo (a alguien) ~ *To fancy something.*
Anular una reunión ~ *To call off a meeting / To cancel a meeting.*
Anunciar algo a alguien ~ *To announce something to someone.*
Añadir una cosa a otra ~ *To add one thing to another.*
Año tras año ~ *Year after year.*
Años atrás ~ *Years ago.*

Años después ~ *Years afterwards.*
Apagar el fuego ~ *To put the fire out.*
Apagar el fuego a golpes ~ *To beat the fire out.*
Apagar la luz ~ *To switch the light off / To turn the light out.*
Apagar la radio ~ *To turn the radio off.*
Apagar la televisión ~ *To switch the television off.*
Apagar un cigarrillo ~ *To put a cigarette out.*
Apagar una cerilla (soplando) ~ *To blow a match out.*
Aparcar en doble fila ~ *To double-park.*
Apartar algo ~ *To take something out of the way.*
Apartar algún dinero ~ *To put some money aside.*
Apartar la mirada ~ *To look away.*
Aparte de eso ~ *Apart from that.*
Apearse del autobús ~ *To get off the bus.*
Apearse en la próxima estación ~ *To get off at the next station.*
Apilados en un montón ~ *Piled in a heap.*
Aplastar algo con el pie ~ *To crush something under one's foot / To squash something underfoot.*
Aplazar una fiesta ~ *To put off a party / To postpone a party.*
Apoderarse de algo ~ *To take hold of something.*
Aporrear la puerta ~ *To bang on the door.*
Apostar dinero en las carreras ~ *To put money on horses / To bet on the races.*
Apostar por un caballo ~ *To bet on a horse.*
Apoyar a alguien ~ *To back someone up.*
Apoyar un proyecto ~ *To back a project.*
Apoyarse contra la pared ~ *To lean against the wall.*
Apoyarse sobre un bastón ~ *To lean on a stick.*
Apreciar a alguien ~ *To esteem someone.*
Aprender a hacer algo ~ *To learn to do something.*
Aprender de memoria ~ *To learn by heart / To learn by rote.*
Aprender música de oído ~ *To learn music by ear.*
Apresurarse a hacer algo ~ *To hurry to do something.*
Apretar a correr ~ *To break into a run.*
Apretar el gatillo ~ *To pull the trigger.*
Apretar el paso ~ *To walk faster.*

Apretar el pedal ~ *To push the pedal down.*
Apretar los puños ~ *To clench one's fists.*
Apretar un botón ~ *To press a button.*
Apretar un tornillo ~ *To tighten a screw.*
Apretarse el cinturón ~ *To tighten one's belt.*
Aprobar algo (dar el visto bueno) ~ *To approve something.*
Aprobar algo (estar de acuerdo) ~ *To approve of something.*
Aprobar un examen ~ *To pass an examination.*
Aprobar una ley ~ *To pass a law.*
Apropiado para el trabajo ~ *Suitable for the job.*
Aprovechar la oportunidad para hacer algo ~ *To take the opportunity to do something.*
Aprovechar una ocasión ~ *To take an opportunity.*
Aprovecharse de algo ~ *To take advantage of something.*
Apuntar a algo (destacando) ~ *To point something out.*
Apuntar a algo (señalando) ~ *To point to something.*
Apuntar a alguien con una pistola ~ *To aim a gun at someone.*
Apuntar a alguien en una lista ~ *To put someone on a list / To put someone's name down on a list.*
Apuntar algo (anotar) ~ *To write something down.*
Apurado de dinero ~ *Hard up for money.*
Apurado de tiempo ~ *Short of time / Tight for time.*
Apurarse por poca cosa ~ *To worry over trifles.*
Aquí abajo ~ *Down here.*
Aquí arriba ~ *Up here.*
Aquí dentro ~ *In here.*
Aquí fuera ~ *Out here.*
Aquí mismo ~ *Right here.*
Aquí tienes (al dar algo) ~ *Here you are.*
Aquí y allá ~ *Here and there.*
Armado hasta los dientes ~ *Armed to the teeth.*
Armar jaleo ~ *To kick up a racket.*
Armar un escándalo ~ *To kick up a fuss.*
Armar un follón ~ *To kick up a rumpus.*
Armarse (uno) un barullo ~ *To get into a muddle.*
Armarse de paciencia ~ *To summon up one's patience.*

Arquear las cejas ~ *To raise one's eyebrows / To arch one's brow.*

Arrancar un botón ~ *To pull a button off.*

Arrancar algo de cuajo ~ *To tear something up by the roots.*

Arrancar de raíz ~ *To uproot.*

Arrancar el coche ~ *To start the car.*

Arrancar las plumas a un pollo ~ *To pluck a chicken.*

Arrancar una flor ~ *To pick a flower.*

Arrancar una planta ~ *To pull up a plant.*

Arrear una bofetada ~ *To give a slap.*

Arreglar algo ~ *To put something right.*

Arreglar la casa ~ *To tidy up the house.*

Arreglar un asunto ~ *To settle a matter.*

Arreglar un reloj ~ *To mend a watch / To repair a watch.*

Arreglar una habitación ~ *To tidy up a room.*

Arreglarse el pelo ~ *To do one's hair.*

Arreglárselas uno para hacer algo ~ *To manage to do something.*

Arriba las manos! ~ *Hands up!*

Arriba y abajo ~ *Up and down.*

Arriesgar la vida ~ *To risk one's life.*

Arriesgar todo lo que uno tiene ~ *To risk one's all.*

Arrimar el hombro ~ *To lend a hand.*

Arrimar una silla ~ *To bring up a chair.*

Arrojar algo a alguien ~ *To throw something at someone.*

Arrojarse al agua ~ *To throw oneself into the water.*

Asaltar un banco ~ *To rob a bank.*

Ascender a (una suma) ~ *To amount to / To add up to.*

Ascender al trono ~ *To ascend the throne.*

Asegurado contra incendios ~ *Insured against fire.*

Asestar un golpe ~ *To strike a blow / To land a blow.*

Así como ~ *As well as.*

Así de grande ~ *This big.*

Así es la vida ~ *That's life / Such is life / Life's like that.*

Así parece ~ *So it seems.*

Así que ~ *So / Therefore.*

Así sea! ~ *So be it!*

Así, así (regular) ~ *So-so.*
Asistir a un lugar ~ *To go to a place.*
Asistir a una reunión ~ *To attend a meeting.*
Asociarse con alguien ~ *To associate with someone / To team up with someone.*
Asomar la cabeza por la puerta ~ *To put one's head round the door.*
Asomarse a la ventana ~ *To lean out of the window.*
Asomarse por encima de una valla ~ *To lean over a fence.*
Asumir el cargo ~ *To take office / To take the job on.*
Asustar a alguien ~ *To make someone afraid / To frighten someone.*
Asustarse por algo ~ *To be frightened by something.*
Atacar a alguien ~ *To make an attack on someone / To attack someone.*
Atar cabos ~ *To put two and two together.*
Atar de pies y manos ~ *To tie hand and foot / To bind hand and foot.*
Atar un bote ~ *To tie up a boat.*
Atar un paquete ~ *To tie up a parcel.*
Atar una cosa a otra ~ *To fasten one thing to another.*
Atarse los cordones de los zapatos ~ *To lace up one's shoes / To do one's shoes up.*
Atender a razones ~ *To listen to reason.*
Atender a una persona (prestarle atención) ~ *To attend to a person.*
Atenerse a las reglas ~ *To keep to the rules.*
Atesorar riquezas ~ *To heap up riches.*
Atestado de gente ~ *Packed with people.*
Atestado de libros ~ *Crammed with books.*
Atraer la atención de alguien ~ *To draw someone's attention.*
Atrasar el reloj ~ *To put the clock (the watch) back.*
Atravesar el umbral ~ *To cross the threshold.*
Atravesar la calle ~ *To cross the street / To go across the street.*
Atravesar un arroyo de un salto ~ *To jump over a stream.*
Atravesar un bosque ~ *To go through a wood.*

Atravesar un puente ~ *To go across a bridge.*
Atribuir el éxito a algo ~ *To attribute success to something.*
Atropellar a alguien ~ *To run someone over / To run someone down.*
Aumentar de peso ~ *To gain weight / To put on weight.*
Aumentar la velocidad ~ *To gather speed.*
Aumento de población ~ *Increase in population.*
Aun cuando ~ *Even though / Even if.*
Aun más rápidamente ~ *Even faster.*
Aún no ~ *Not yet.*
Aunque parezca extraño ~ *Strange as it seems.*
Ausente de la reunión ~ *Absent from the meeting.*
Autoridad en una materia ~ *Authority on a subject.*
Autorizar a alguien a hacer algo ~ *To authorise someone to do something.*
Aventurarse en un viaje ~ *To venture on a journey.*
Avergonzarse de algo ~ *To be ashamed of something.*
Averiguar algo ~ *To find something out.*
Avisar (advertir) a alguien ~ *To warn someone.*
Avisar (comunicar) a alguien ~ *To let someone know.*
Avisar a alguien de un peligro ~ *To warn someone of danger.*
Avivar el fuego ~ *To fan the flames / To stoke up the fire.*
Ayer por la mañana ~ *Yesterday morning.*
Ayer por la noche ~ *Last night.*
Ayer por la tarde ~ *Yesterday afternoon / Yesterday evening.*
Ayudar a alguien a bajar ~ *To help someone down.*
Ayudar a alguien a entrar ~ *To help someone in.*
Ayudar a alguien a hacer algo ~ *To help someone (to) do something / To assist someone in doing something.*
Ayudar a alguien a ponerse el abrigo ~ *To help someone on with their coat.*
Ayudar a alguien a salir de un apuro ~ *To help someone out of a jam.*
Ayudar a alguien a salir de un lugar ~ *To help someone out of a place.*
Ayudar a alguien a subir ~ *To help someone up.*

B

Bailar agarrado ~ *To dance in couples.*
Bailar de contento ~ *To dance for joy.*
Bajar algo (que está en alto) ~ *To take something down.*
Bajar andando ~ *To walk down.*
Bajar apresuradamente ~ *To hurry down.*
Bajar corriendo ~ *To run down.*
Bajar de precio ~ *To fall in price / To come down in price.*
Bajar de una montaña ~ *To come down from a mountain.*
Bajar el gas ~ *To turn the gas down.*
Bajar el precio ~ *To drop the price.*
Bajar la calle ~ *To walk down the street.*
Bajar la mano ~ *To put one's hand down.*
Bajar la radio (el volumen) ~ *To turn the radio down.*
Bajar la ventanilla del coche ~ *To open the car window.*
Bajar la voz ~ *To lower one's voice.*
Bajar las escaleras ~ *To go downstairs / To go down the stairs.*
Bajar las escaleras andando ~ *To walk downstairs / To walk down the stairs.*
Bajar las escaleras corriendo ~ *To run downstairs / To run down the stairs.*
Bajar las escaleras despacio ~ *To go slowly down the stairs.*
Bajar las persianas ~ *To draw down the blinds / To lower the blinds.*
Bajar por las escaleras ~ *To go down the stairs / To come down the stairs.*
Bajar estrepitosamente la escalera ~ *To clatter down the stairs.*
Bajarse de un árbol ~ *To get down from a tree.*
Bajarse de un caballo ~ *To get off a horse / To get down from a horse / To dismount from a horse.*
Bajarse de una bicicleta ~ *To get off a bicycle.*

Bajarse de una silla ~ *To get down from a chair.*
Bajarse de una silla de un salto ~ *To jump off a chair.*
Bajarse del tren ~ *To get off the train.*
Bajarse el cuello del abrigo ~ *To turn down one's coat collar.*
Bajo cero ~ *Below zero.*
Bajo el mar ~ *Under the sea.*
Bajo fianza ~ *On bail.*
Bajo juramento ~ *Under oath / On oath.*
Bajo la dirección de ~ *Under the management of.*
Bajo la lluvia ~ *In the rain.*
Bajo la protección de ~ *Under the protection of.*
Bajo la responsabilidad de uno ~ *Under one's responsibility.*
Bajo llave ~ *Under lock and key.*
Bajo ningún concepto ~ *Under no circumstances / On no account.*
Balancear los brazos ~ *To swing one's arms.*
Bañar a un niño ~ *To bath a baby.*
Bañarse en el mar ~ *To bathe in the sea / To have a swim in the sea.*
Bañarse en la bañera ~ *To have a bath.*
Basándose en ~ *On the basis of / Basing oneself on.*
Basándose en esto ~ *On this basis / Basing oneself on this.*
Basarse en algo ~ *To base oneself on something.*
Bastante bien ~ *Fairly well / Quite good.*
Bastarse a uno mismo ~ *To be self-sufficient.*
Batir un récord ~ *To break a record / To beat a record.*
Beber a la salud de alguien ~ *To drink to someone's health.*
Beber a morro ~ *To drink out of the bottle.*
Beber agua en un vaso ~ *To drink water out of a glass / To drink water from a glass.*
Beber más de la cuenta ~ *To drink too much.*
Beber un trago de agua ~ *To gulp down water.*
Bien abierto ~ *Wide open.*
Bien hecho ~ *Well done.*
Boca abajo ~ *Face down.*
Boca arriba ~ *Face up.*
Borrar el encerado ~ *To clean the blackboard.*

Borrar una palabra ~ *To rub out a word.*
Borrar una palabra del encerado ~ *To rub a word off the blackboard.*
Brindar a la salud de alguien ~ *To drink to someone's health / To drink a toast to someone.*
Bromas aparte ~ *Joking apart / Joking aside.*
Bueno para la salud ~ *Good for your health.*
Burlar la ley ~ *To flout the law.*
Burlarse de alguien ~ *To mock someone / To make fun of someone.*
Buscar a alguien ~ *To look for someone.*
Buscar algo ~ *To look for something / To search for something.*
Buscar camorra ~ *To be looking for a quarrel.*
Buscar jaleo ~ *To be asking for trouble.*
Buscar trabajo ~ *To look for work / To look for employment.*
Buscar un empleo ~ *To look for a job.*
Buscar una palabra en el diccionario ~ *To look up a word in the dictionary.*
Buscarse la vida ~ *To try and earn one's living.*

C

Cabalgar en fila de a tres ~ *To ride three abreast.*
Cabeza abajo ~ *Head downwards.*
Cada año ~ *Every year.*
Cada cual a lo suyo ~ *Everybody get on with their own work.*
Cada cuatro días ~ *Every four days.*
Cada día ~ *Every day.*
Cada dos días ~ *Every other day / On alternate days.*
Cada dos horas ~ *Every two hours.*
Cada dos por tres ~ *Every five minutes.*
Cada noche ~ *Every night.*
Cada pocos minutos ~ *Every few minutes.*
Cada semana ~ *Every week.*
Cada vez más ~ *More and more.*
Cada vez más cerca ~ *Nearer and nearer.*
Cada vez mejor ~ *Better and better.*
Cada vez menos ~ *Less and less.*
Cada vez peor ~ *Worse and worse.*
Cada vez que ~ *Each time that.*
Caer de cara ~ *To fall face downwards.*
Caer de espaldas ~ *To fall on one's back.*
Caer de pie ~ *To fall on one's feet.*
Caer de plano ~ *To fall flat on one's face.*
Caer de rodillas ~ *To fall on one's knees.*
Caer en cama ~ *To be taken ill / To fall ill.*
Caer en desgracia ~ *To fall into disgrace.*
Caer en desuso ~ *To fall into disuse.*
Caer en el engaño ~ *To fall for the trick.*
Caer en el olvido ~ *To fall into oblivion / To sink into oblivion.*
Caer en gracia a alguien ~ *To make a hit with someone.*
Caer en la cuenta ~ *To realise.*

Caer en la cuenta de que ~ *To realise that.*
Caer en un profundo sueño ~ *To fall into a deep sleep.*
Caer enfermo ~ *To fall ill / To be taken ill.*
Caerse a pedazos ~ *To fall apart / To fall in pieces.*
Caerse a un hoyo ~ *To fall into a pit.*
Caerse al agua ~ *To fall into the water.*
Caerse al suelo ~ *To fall to the ground / To fall on the ground.*
Caerse de bruces ~ *To fall flat / To fall flat on one's face.*
Caerse de cabeza ~ *To fall head first.*
Caerse de la bicicleta ~ *To fall off one's bicycle.*
Caerse de la mesa (algo) ~ *To fall off the table.*
Caerse de la silla al suelo (algo) ~ *To fall from the chair on to the floor.*
Caerse de un árbol ~ *To fall from a tree.*
Caerse de un caballo ~ *To fall off a horse.*
Caerse hacia atrás ~ *To fall backwards.*
Caerse muerto ~ *To fall down dead / To drop dead.*
Caerse por la ventana ~ *To fall out of the window.*
Caerse por las escaleras ~ *To fall down the stairs.*
Caerse por un acantilado ~ *To fall over a cliff / To fall over the edge of a cliff.*
Caerse todo lo largo que es uno ~ *To fall full length.*
Calado hasta los huesos ~ *Soaked to the skin / Wet through.*
Calarse hasta los huesos ~ *To get wet through / To get soaked to the skin.*
Calculando por lo bajo ~ *At the lowest estimate.*
Calcular el coste de algo ~ *To work out the cost of something.*
Calcular el gasto en 500 euros ~ *To estimate the expense as being 500 euros.*
Callarse la boca ~ *To hold one's tongue.*
Calle abajo ~ *Down the street.*
Calle arriba ~ *Up the street.*
Cambiar de dueño ~ *To change ownership.*
Cambiar de parecer ~ *To change one's mind.*
Cambiar de sitio con alguien ~ *To change places with someone.*

Cambiar los términos ~ *To alter the terms.*
Cambiar una cosa por otra ~ *To change one thing for another / To exchange one thing for another.*
Cambiarse de ropa ~ *To change one's clothes.*
Cambiarse de traje ~ *To change one's suit.*
Cambiarse de vestido ~ *To change one's dress.*
Caminar con paso firme ~ *To walk with a firm step.*
Camino de la escuela ~ *On the way to school.*
Cancelar una reunión ~ *To call off a meeting / To cancel a meeting.*
Cansar a alguien ~ *To make someone tired / To weary someone.*
Cansarse de hacer algo ~ *To grow tired of doing something.*
Cantar a voz en grito ~ *To sing at the top of one's voice.*
Cantar acompañado al piano ~ *To sing to the accompaniment of a piano.*
Cantar desafinado ~ *To sing out of tune.*
Cara a cara ~ *Face to face.*
Cara de pocos amigos ~ *Unfriendly expression / Sour face.*
Cara o cruz? ~ *Heads or tails?*
Carecer de medios ~ *To lack means.*
Cargado de libros ~ *Loaded with books.*
Cargar con la culpa ~ *To get blamed / To get the blame.*
Cargar con la culpa a alguien ~ *To put the blame on someone.*
Cargar con la responsabilidad ~ *To take the responsibility.*
Casado con alguien ~ *Married to someone.*
Casarse con alguien ~ *To marry someone.*
Casarse por la iglesia ~ *To have a church wedding.*
Casi imposible ~ *Next to impossible / Almost impossible.*
Casi nada ~ *Almost nothing.*
Casi nunca ~ *Hardly ever.*
Casi siempre ~ *Nearly always.*
Casi todo el año ~ *Nearly all year round.*
Castigar a alguien por un delito ~ *To punish someone for a crime.*
Castigar con una multa ~ *To punish with a fine.*

Causar buena impresión ~ *To make a good impression.*
Causar daños ~ *To cause damage.*
Causar mala impresión ~ *To make a bad impression.*
Causar molestias ~ *To cause trouble.*
Cavar hondo ~ *To dig deep.*
Cavar un hoyo ~ *To dig a hole.*
Cazar ballenas ~ *To hunt whales.*
Cazar conejos (con escopeta) ~ *To shoot rabbits.*
Celebrar una fiesta ~ *To hold a party.*
Cenar pescado ~ *To have fish for dinner.*
Ceñirse a la cuestión ~ *To keep to the point.*
Cerca de la mesa ~ *Near the table.*
Cerrado por vacaciones ~ *Closed for the holidays.*
Cerrar el agua ~ *To turn off the water.*
Cerrar el gas ~ *To turn off the gas.*
Cerrar el paso ~ *To block the way.*
Cerrar la marcha ~ *To bring up the rear.*
Cerrar la puerta con llave ~ *To lock the door.*
Cerrar la radio ~ *To turn off the radio.*
Cerrar los ojos ~ *To close one's eyes.*
Cerrar un grifo ~ *To turn off a tap.*
Cerrar un sobre ~ *To seal an envelope.*
Cerrar un trato ~ *To strike a bargain / To close a deal.*
Certificar una carta ~ *To register a letter.*
Cesar de hacer algo ~ *To stop doing something.*
Charlar con alguien ~ *To chat with someone.*
Chocar contra un árbol ~ *To run into a tree / To crash into a tree.*
Chocar contra una pared ~ *To crash into a wall.*
Chocar de frente ~ *To crash head on.*
Cierto día ~ *One day / Some day.*
Cinco de cada veinte ~ *Five out of twenty.*
Cinco metros de largo ~ *Five metres in length / Five metres long.*
Cinco por tres, quince ~ *Five times three is fifteen / Five threes are fifteen.*
Cincuenta y tantos ~ *Fifty odd.*

Circular por la derecha ~ *To keep to the right / To drive on the right.*

Circular por la izquierda ~ *To keep to the left / To drive on the left.*

Circunstancias ajenas a mi voluntad ~ *Circumstances beyond my control.*

Citarse con alguien ~ *To make a date with someone / To make an appointment with someone.*

Clasificar las cartas ~ *To sort the letters.*

Clavado en la tierra ~ *Stuck in the earth.*

Clavar un clavo ~ *To drive in a nail / To knock in a nail.*

Clavarse una aguja en un dedo ~ *To prick one's finger with a needle.*

Cobrar fuerzas ~ *To gather strength.*

Cobrar un cheque ~ *To cash a cheque.*

Cobrar velocidad ~ *To gather speed.*

Codearse con alguien ~ *To rub shoulders with someone.*

Coger a alguien con las manos en la masa ~ *To catch someone red-handed.*

Coger a alguien de la mano ~ *To take someone by the hand.*

Coger a alguien de un brazo ~ *To take someone by the arm.*

Coger a alguien desprevenido ~ *To catch someone unawares.*

Coger a alguien in fraganti ~ *To catch someone in the act.*

Coger a alguien por sorpresa ~ *To take someone by surprise.*

Coger algo ~ *To take hold of something.*

Coger algo con la mano ~ *To take something in one's hand.*

Coger algo del suelo ~ *To take something off the floor / To pick something up off the floor.*

Coger anginas ~ *To get a sore throat / To catch a sore throat.*

Coger el autobús ~ *To catch the bus.*

Coger el hilo ~ *To pick up the thread.*

Coger el sarampión ~ *To get measles / To go down with measles.*

Coger el sueño ~ *To get to sleep.*

Coger el teléfono ~ *To lift the receiver / To pick up the telephone.*

Coger flores ~ *To pick flowers / To gather flowers.*
Coger frío ~ *To catch cold.*
Coger la costumbre de hacer algo ~ *To get into the habit of doing something.*
Coger manzanas ~ *To pick apples.*
Coger ojeriza a alguien ~ *To take a dislike to someone.*
Coger paperas ~ *To get mumps / To catch mumps.*
Coger un libro de la biblioteca ~ *To borrow a book from the library.*
Coger un resfriado ~ *To catch (a) cold.*
Coger un tremendo resfriado ~ *To catch one's death of cold / To go down with a dreadful cold.*
Coger una enfermedad ~ *To catch an illness.*
Coger una indigestión ~ *To get indigestion.*
Coger velocidad ~ *To gather speed.*
Cogerle cariño a alguien ~ *To take to someone / To become fond of someone.*
Cogerle la mano a alguien ~ *To hold someone's hand.*
Cogerle la palabra a alguien ~ *To take someone at his word.*
Cogerle manía a alguien ~ *To take a dislike to someone.*
Cogido in fraganti ~ *Caught in the act / Caught red-handed.*
Cogidos de la mano ~ *Hand in hand.*
Cogidos del brazo ~ *Arm in arm.*
Cojear de un pie ~ *To limp on one foot.*
Coleccionar sellos ~ *To collect stamps.*
Colgado de la pared ~ *Hanging on the wall.*
Colgado de un árbol ~ *Hanging from a tree.*
Colgado de un clavo ~ *Hanging on a nail.*
Colgar algo en alto ~ *To hang something up.*
Colgar el teléfono ~ *To ring off / To hang up.*
Colgar un abrigo de una percha ~ *To hang a coat on a hook.*
Colgar un cuadro de la pared ~ *To hang a picture up on the wall.*
Colgar una chaqueta ~ *To hang up a jacket.*
Combatir al enemigo ~ *To fight the enemy.*
Comentar algo ~ *To comment on something / To talk about something.*

Comenzar por el principio ~ *To begin at the beginning.*
Comenzar por hacer algo ~ *To begin by doing something.*
Comer algo ~ *To have something to eat.*
Comer carne en la comida ~ *To eat meat for lunch.*
Comer de pie ~ *To eat standing up.*
Comer en un plato ~ *To eat from a plate.*
Comer en un restaurante ~ *To have lunch at a restaurant.*
Comer entre horas ~ *To eat between meals.*
Comer hasta hartarse ~ *To stuff oneself.*
Comerciar con algo ~ *To deal in something.*
Comérselo todo de un bocado ~ *To eat it all up in one
     mouthful / To eat everything in one go.*
Cometer equivocaciones ~ *To make mistakes.*
Cometer un delito ~ *To commit a crime.*
Cometer un desliz ~ *To make a slip.*
Cometer un error ~ *To make a mistake.*
Cometer un pecado ~ *To commit a sin.*
Cometer una equivocación ~ *To make a mistake.*
Cometer una falta ~ *To make a mistake.*
Cometer una locura ~ *To do something foolish.*
Como boca de lobo ~ *Pitch black / Pitch dark.*
Como castigo por haber hecho algo ~ *As a punishment for
     doing something.*
Como contestación a mi carta ~ *In reply to my letter.*
Como cosa normal ~ *As a matter of a course.*
Como de costumbre ~ *As usual.*
Como dos y dos son cuatro ~ *Without any doubt.*
Como es debido ~ *Properly.*
Como gustes ~ *As you please.*
Como lo oyes ~ *Just as I've said.*
Como llovido del cielo ~ *Out of the blue.*
Como mejor pueda ~ *As best I can.*
Como mucho ~ *At the most.*
Como nuevo ~ *As good as new / As new.*
Como nunca ~ *As never before.*
Como por arte de magia ~ *As if by magic.*
Como quien dice ~ *So to speak / As if to say.*

Como quieras ~ *Just as you like.*
Como recompensa por ~ *As a reward for.*
Como respuesta ~ *By way of an answer.*
Como respuesta a ~ *In response to.*
Como resultado ~ *As a result.*
Como resultado de ~ *As a result of.*
Como se ha dicho antes ~ *As previously said.*
Como se ve en el dibujo ~ *As shown in the illustration.*
Como si ~ *As if / As though.*
Como si dijéramos ~ *As if to say.*
Como si tal cosa ~ *Just like that.*
Como siempre ~ *As usual / As always.*
Como sigue ~ *As follows.*
Como último recurso ~ *As a last resort.*
Como un solo hombre ~ *As one man.*
Como yo esperaba ~ *As I expected.*
Compadecerse por alguien ~ *To have pity on someone / To feel sorry for someone.*
Comparar a una persona con otra ~ *To compare one person with another.*
Comparar una cosa con otra ~ *To compare one thing with another.*
Compartir algo ~ *To share something.*
Compensar el daño ~ *To make up for the damage / To compensate for the damage.*
Competir con alguien ~ *To compete against someone.*
Competir en una carrera ~ *To compete in a race.*
Complacer a alguien ~ *To please someone.*
Componer un reloj ~ *To repair a watch.*
Componer una canción ~ *To compose a song.*
Comprar a plazos ~ *To buy on credit / To buy on hire purchase.*
Comprar al contado ~ *To pay cash for something.*
Comprar al por mayor ~ *To buy wholesale.*
Comprar algo a alguien (para alguien) ~ *To buy someone something / To buy something for someone.*

Comprar algo a alguien (que lo vende) ~ *To buy something from someone.*

Comprar algo a cuatro euros la docena ~ *To buy something at four euros a dozen.*

Comprar algo barato ~ *To buy something cheaply.*

Comprar algo casi de balde ~ *To buy something for next to nothing.*

Comprar algo de segunda mano ~ *To buy something second-hand.*

Comprar algo por 150 euros ~ *To buy something for 150 euros.*

Comprar en una tienda ~ *To buy from a shop.*

Comprar propiedades ~ *To buy property.*

Comprarse algo ~ *To buy oneself something.*

Comprender el significado de algo ~ *To understand the meaning of something.*

Comprobar y marcar con una señal ~ *To tick off.*

Comprometerse a hacer algo ~ *To engage to do something / To commit oneself to doing something.*

Comunicar algo a alguien ~ *To convey something to someone / To tell someone something.*

Con anterioridad ~ *Beforehand / Previously.*

Con anticipación ~ *In advance / In good time.*

Con arreglo a ~ *According to / In accordance with.*

Con bastante frecuencia ~ *Quite often.*

Con buen tiempo ~ *In good weather.*

Con buenas maneras ~ *Politely.*

Con certeza ~ *With certainty.*

Con demasiada frecuencia ~ *Too frequently.*

Con destino a Barcelona ~ *Bound for Barcelona.*

Con el agua hasta la cintura ~ *With water up to the waist.*

Con el fin de ~ *For the purpose of.*

Con el pretexto de hacer algo ~ *On the pretext of doing something.*

Con el propósito de ~ *For the purpose of / In order to.*

Con el tiempo ~ *In the course of time / In time / With time.*

Con este fin ~ *To this end / With this aim.*

Con este motivo ~ *For this reason.*
Con este tiempo ~ *In this weather.*
Con excepción de ~ *With the exception of.*
Con frecuencia ~ *Often.*
Con gusto ~ *With pleasure.*
Con harta frecuencia ~ *Far too often.*
Con interés ~ *With interest.*
Con la ayuda de alguien ~ *With the help of someone / With someone's help.*
Con la boca abierta ~ *With one's mouth open / Open-mouthed.*
Con la condición de que ~ *On condition that / Provided that.*
Con la esperanza de ~ *In the hope of.*
Con la esperanza de que ~ *In the hope that.*
Con la excepción de ~ *Except for.*
Con la forma de ~ *In the shape of.*
Con la intención de hacer algo ~ *With the intention of doing something.*
Con la mayor brevedad ~ *As soon as possible.*
Con la mejor intención ~ *With the best of motives / With the best intentions.*
Con la precisión de un reloj ~ *With clockwork precision.*
Con las piernas cruzadas ~ *With crossed legs.*
Con los brazos abiertos ~ *With open arms.*
Con los brazos cruzados (físicamente) ~ *With folded arms.*
Con los brazos cruzados (sin hacer nada) ~ *Sitting back doing nothing.*
Con los brazos en cruz ~ *With arms spread out.*
Con mal tiempo ~ *In bad weather.*
Con mano de hierro ~ *With an iron hand.*
Con mano dura ~ *With a heavy hand.*
Con mayor facilidad ~ *More easily.*
Con miras a ~ *With a view to.*
Con motivo de su boda ~ *On the occasion of their wedding.*
Con mucha anticipación ~ *Long beforehand / Far in advance.*

Con mucho ~ *By far.*
Con mucho gusto ~ *With great pleasure.*
Con objeto de ~ *In order to.*
Con ocasión de ~ *On the occasion of.*
Con otras palabras ~ *In other words.*
Con poca antelación ~ *At short notice.*
Con prisa ~ *In a hurry.*
Con qué frecuencia? ~ *How often?*
Con razón o sin ella ~ *Rightly or wrongly.*
Con relación a ~ *With relation to / In relation to.*
Con respecto a ~ *With respect to / Wih regard to / In connection with.*
Con respecto a esto ~ *In this connection / In this respect.*
Con ropa de trabajo ~ *In working clothes.*
Con sosiego ~ *Calmly.*
Con su permiso ~ *With your permission / If I may.*
Con tal de que ~ *Provided that / As long as.*
Con tiempo ~ *In time / With time.*
Con tinta roja ~ *In red ink.*
Con toda franqueza ~ *Quite frankly.*
Con toda probabilidad ~ *In all probability.*
Con toda sinceridad ~ *In all sincerity.*
Con todo y con eso ~ *Even so.*
Con traje de domingo ~ *In one's Sunday best.*
Con un apretón de manos ~ *With a handshake.*
Con un niño en los brazos ~ *Holding a child in one's arms.*
Con un poco más de gasto ~ *At a small extra cost / For a small extra charge.*
Con vistas a hacer algo ~ *With a view to doing something.*
Con vistas al mar ~ *Overlooking the sea / With a sea view.*
Con voz débil ~ *In a feeble voice / In a weak voice.*
Con voz entrecortada ~ *With a break in one's voice / In a faltering voice.*
Con voz penetrante ~ *In a shrill voice / In a piercing voice.*
Conceder mucha importancia a algo ~ *To attach great importance to something.*
Concentrarse en algo ~ *To concentrate on something.*

Concentrarse en hacer algo ~ *To concentrate on doing something.*

Concertar una cita ~ *To make an appointment.*

Concertar una cita con alguien ~ *To make an appointment with someone.*

Condenado a muerte ~ *Condemned to death.*

Condenar a muerte ~ *To condemn to death.*

Conducir a 50 millas por hora ~ *To drive at 50 miles per hour.*

Conducir a alguien a un lugar ~ *To lead someone somewhere / To accompany someone somewhere.*

Conducir deprisa ~ *To drive fast.*

Conducir despacio ~ *To drive slowly.*

Conducir por la calle ~ *To drive along the street.*

Conducir por la carretera ~ *To drive along the road.*

Conducir por la derecha ~ *To drive on the right.*

Conducir por la izquierda ~ *To drive on the left.*

Conducir un coche ~ *To drive a car.*

Conectar con ~ *To connect with.*

Confiar algo a alguien ~ *To entrust someone with something.*

Confiar en alguien ~ *To trust someone / To rely on someone /To count on someone.*

Conforme a ~ *According to / In accordance with.*

Confundir a una persona con otra ~ *To mistake one person for another / To take someone for somebody else.*

Confundir algo ~ *To get something mixed up.*

Confundir una cosa con otra ~ *To mistake one thing for another.*

Congeniar con alguien ~ *To get along with someone / To get on with someone.*

Conocer a alguien ~ *To know someone / To be acquainted with someone.*

Conocer a alguien de vista ~ *To know someone by sight.*

Conocer a alguien en una fiesta ~ *To meet someone at a party.*

Conocido por algo ~ *Known for something.*

Conseguir ayuda ~ *To get help.*

Conseguir un empleo ~ *To get a job / To find work.*
Consentir en hacer algo ~ *To agree to do something.*
Conservar algo caliente ~ *To keep something hot.*
Conservar algo limpio ~ *To keep something clean.*
Conservar la figura ~ *To keep one's figure.*
Considerándolo todo ~ *All in all.*
Considerar a alguien como amigo ~ *To regard someone as a friend.*
Consistir en ~ *To consist in.*
Consolarse con algo ~ *To take comfort in something.*
Conspirar contra alguien ~ *To conspire against someone.*
Constar de ~ *To consist of.*
Construir un avión ~ *To build a plane.*
Construir un buque ~ *To build a ship.*
Construir un ferrocarril ~ *To build a railway.*
Construir una carretera ~ *To build a road.*
Consultar con alguien ~ *To consult with someone.*
Contar a alguien un secreto ~ *To let someone in on a secret.*
Contar algo a alguien ~ *To tell someone something.*
Contar con alguien ~ *To count on someone / To rely on someone.*
Contar con los dedos ~ *To count on one's fingers.*
Contar del 1 al 10 ~ *To count from 1 to 10.*
Contar hasta 10 ~ *To count up to 10.*
Contar un chiste ~ *To tell a joke.*
Contar un cuento ~ *To tell a story.*
Contar una historia ~ *To tell a story.*
Contar una historia a alguien ~ *To tell someone a story.*
Contener la respiración ~ *To hold one's breath.*
Contener la risa ~ *To suppress one's laughter.*
Contener las lágrimas ~ *To hold back one's tears.*
Contentarse con algo ~ *To be satisfied with something.*
Contento con algo ~ *Pleased with something / Happy about something.*
Contestar a una carta ~ *To answer a letter / To reply to a letter.*
Contestar a una pregunta ~ *To answer a question.*

Contestar al teléfono ~ *To answer the telephone.*
Contestar con todo detalle ~ *To answer fully.*
Contestar de mala manera ~ *To answer rudely.*
Contestar por escrito ~ *To reply in writing.*
Contestar punto por punto ~ *To answer point by point.*
Continuar algo ~ *To continue something.*
Continuar con algo ~ *To carry on with something / To go on
    with something.*
Continuar el viaje ~ *To continue the journey.*
Continuar haciendo algo ~ *To continue to do something / To
    continue doing something / To keep on doing something
    / To go on doing something.*
Continuar leyendo ~ *To read on / To go on reading.*
Contra la ley ~ *Against the law.*
Contra la pared ~ *Against the wall.*
Contra la voluntad de uno ~ *Against one's will.*
Contra las normas ~ *Against the rules.*
Contra viento y marea ~ *Through thick and thin / Against all
    odds.*
Contraer deudas ~ *To run into debt / To incur debts.*
Contraer una enfermedad ~ *To get a disease / To contract an
    illness.*
Contrarreloj ~ *Against the clock.*
Contribuir a la Cruz Roja ~ *To contribute to the Red Cross /
    To make a contribution to the Red Cross.*
Convencer a alguien para que haga algo ~ *To persuade
    someone to do something.*
Convertirse en una costumbre ~ *To grow into a habit / To
    become a habit.*
Convidar a alguien a beber algo ~ *To stand someone a drink /
    To treat someone to a drink.*
Convocar a toda la gente ~ *To call everyone together.*
Convocar una reunión ~ *To call a meeting.*
Cooperar con alguien para hacer algo ~ *To collaborate with
    someone in doing something.*
Copiar del natural ~ *To copy from nature.*
Copiar en un examen ~ *To cheat in an examination.*

Coronado con el éxito ~ *Crowned with success.*
Correr a casa ~ *To run home.*
Correr como el viento ~ *To run like the wind.*
Correr con los gastos ~ *To meet the expenses.*
Correr cuesta abajo ~ *To run down the hill.*
Correr cuesta arriba ~ *To run up the hill.*
Correr de acá para allá ~ *To run here and there / To run about.*
Correr el riesgo de caerse ~ *To run the risk of falling down.*
Correr escaleras abajo ~ *To run down the stairs / To run downstairs.*
Correr escaleras arriba ~ *To run up the stairs / To run upstairs.*
Correr por el suelo ~ *To run across the floor.*
Correr por la calle ~ *To run along the street.*
Correr prisa ~ *To be urgent.*
Correr sin control ~ *To run wild.*
Correr tras alguien ~ *To run after someone.*
Correr un gran peligro ~ *To be in great danger.*
Correr un riesgo ~ *To run a risk / To take a risk.*
Correr una cortina ~ *To draw a curtain.*
Corretear de acá para allá ~ *To run about.*
Corriente abajo ~ *Downstream.*
Corriente arriba ~ *Upstream.*
Cortado por la mitad ~ *Cut in half.*
Cortar en pedazos ~ *To cut in pieces.*
Cortar por lo sano ~ *To take drastic measures.*
Cortar un árbol ~ *To cut a tree down / To fell a tree.*
Cortar una rebanada de pan ~ *To cut off a slice of bread.*
Cortarse el pelo ~ *To have one's hair cut / To get one's hair cut.*
Cortarse un dedo ~ *To cut one's finger.*
Cosas de la vida ~ *That's life / Such is life.*
Cosas por el estilo ~ *That kind of thing.*
Coser a máquina ~ *To sew on the sewing-machine.*
Coser un botón ~ *To sew on a button.*
Coser un roto ~ *To sew up a tear.*

Costar barato ~ *To be cheap.*
Costar caro ~ *To be expensive.*
Costar un fortuna ~ *To cost a fortune.*
Crear dificultades ~ *To make difficulties.*
Creer a alguien ~ *To believe someone.*
Creer en algo ~ *To believe in something.*
Creer en fantasmas ~ *To believe in ghosts.*
Creer lo que alguien dice ~ *To believe what someone says.*
Criar a un niño ~ *To bring up a child.*
Criar animales ~ *To rear animals / To breed animals.*
Criticar a alguien ~ *To find fault with someone.*
Cruzado de brazos ~ *With folded arms / With one's arms crossed.*
Cruzado de brazos (sin hacer nada) ~ *Twiddling one's thumbs.*
Cruzar a alguien al otro lado de la calle ~ *To take someone across the street.*
Cruzar a nado ~ *To swim across.*
Cruzar el bosque ~ *To go through the wood.*
Cruzar la calle ~ *To cross the street / To go across the street.*
Cruzar la calle corriendo ~ *To run across the street.*
Cruzar las piernas ~ *To cross one's legs.*
Cruzar un puente ~ *To go across a bridge.*
Cruzar un río ~ *To cross a river.*
Cruzarse con alguien en la calle ~ *To meet someone in the street.*
Cruzarse de brazos ~ *To cross one's arms / To fold one's arms.*
Cualquier cosa menos ~ *Anything but.*
Cualquier día ~ *Any day.*
Cualquier día de estos ~ *One of these days / Any day now.*
Cuando despunta el día ~ *When day breaks / At dawn.*
Cuando era niño ~ *As a child / When I was a child.*
Cuando la guerra ~ *In the wartime / When the war was on.*
Cuando llegue el momento ~ *When the time comes.*
Cuando menos se espera ~ *When one least expects it / When least expected.*

Cuántas veces? ~ *How often?*

Cuanto antes ~ *As soon as possible.*

Cuanto antes mejor ~ *The sooner the better.*

Cuánto tiempo? ~ *How long?*

Cuánto tiempo hace? ~ *How long ago?*

Cuánto tiempo hace desde que? ~ *How long has it been since?*

Cuatro de cada veinte ~ *Four out of (every) twenty.*

Cuatro veces al año ~ *Four times a year.*

Cubierto de nieve ~ *Covered with snow / Snow-covered.*

Cubierto de polvo ~ *Covered in dust.*

Cubrir de besos ~ *To smother with kisses.*

Cubrir gastos ~ *To cover expenses.*

Cubrir una vacante ~ *To fill a vacancy.*

Cuesta abajo ~ *Downhill.*

Cuesta arriba ~ *Uphill.*

Cueste lo que cueste ~ *At any cost / At whatever cost / Cost what it may.*

Cuestión de vida o muerte ~ *A matter of life or death.*

Cuidado con el escalón ~ *Mind the step.*

Cuidado con el perro ~ *Beware of the dog.*

Cuidado con la cabeza ~ *Mind your head.*

Cuidar a alguien ~ *To look after someone / To take care of someone.*

Cuidar de algo ~ *To look after something / To take care of something.*

Culpar a alguien ~ *To put the blame on someone.*

Culpar a alguien de algo ~ *To blame someone for something.*

Cultivar flores ~ *To grow flowers.*

Cultivar la tierra ~ *To work on the land / To farm the land / To till the land.*

Cumplir las órdenes de alguien ~ *To carry out someone's orders.*

Cumplir una condena ~ *To do time / To serve time / To serve one's sentence.*

Cumplir una promesa ~ *To carry out a promise / To keep a promise.*

Cumplir uno con su deber ~ *To do one's duty.*
Cumplir uno su palabra ~ *To keep one's word.*
Curar a alguien ~ *To make someone well.*
Curar a alguien de una enfermedad ~ *To cure someone of an illness.*
Curar una herida ~ *To dress a wound.*

D

Da igual ~ *Never mind / It doesn't matter / It makes no difference.*
Dado de alta en el hospital ~ *Discharged from the hospital.*
Dado que... ~ *Given that...*
Dar a algo la vuelta ~ *To turn something round.*
Dar a alguien en la cabeza ~ *To hit someone on the head.*
Dar a alguien la noticia ~ *To tell someone the news.*
Dar a alguien palmadas en la espalda ~ *To pat someone on the back.*
Dar a alguien por perdido ~ *To give someone up for lost.*
Dar a alguien tiempo para hacer algo ~ *To give someone time to do something.*
Dar a alguien un susto ~ *To give someone a fright / To frighten someone.*
Dar a alguien una buena reprimenda ~ *To give someone a good talking-to / To give someone a good telling-off.*
Dar a alguien una lección ~ *To teach someone a lesson.*
Dar a conocer algo ~ *To make something known.*
Dar a la calle (una ventana) ~ *To look on to the street / To overlook the street.*
Dar a las teclas ~ *To strike the keys.*
Dar a luz ~ *To have a child / To give birth to a child.*
Dar al mar (una ventana) ~ *To face on to the sea.*
Dar algo a alguien ~ *To give someone something / To give something to someone.*
Dar algo por supuesto ~ *To take something for granted.*
Dar ánimos a alguien ~ *To encourage someone.*
Dar celos a alguien ~ *To make someone jealous.*
Dar consejo a alguien acerca de algo ~ *To give someone advice about something.*

Dar consejos a alguien ~ *To give advice to someone /
    To give someone a piece of advice.*
Dar cuenta a alguien de algo ~ *To give an account of
    something to someone / To give someone an account of
    something.*
Dar cuenta a alguien de lo que uno ha hecho ~ *To give
    someone an account of what one has done.*
Dar cuenta de algo ~ *To give an account of something.*
Dar cuerda a un reloj ~ *To wind up a clock.*
Dar de alta (a un enfermo) ~ *To discharge as cured.*
Dar de beber a alguien ~ *To give a drink to someone / To give
    someone a drink.*
Dar de comer a un animal ~ *To feed an animal.*
Dar de comer a una persona ~ *To feed a person.*
Dar dentera ~ *To set one's teeth on edge.*
Dar diente con diente ~ *To have one's teeth chattering.*
Dar dinero por algo ~ *To give money for something.*
Dar el agua ~ *To turn on the water.*
Dar el brazo a alguien ~ *To offer one's arm to someone / To
    give someone one's arm.*
Dar el gas ~ *To turn on the gas.*
Dar el pecho (a un bebé) ~ *To breast-feed a baby.*
Dar el último suspiro ~ *To breathe one's last.*
Dar en el blanco ~ *To hit the mark / To hit the bull's eye.*
Dar en el clavo ~ *To hit the nail on the head.*
Dar explicaciones a alguien ~ *To account to someone.*
Dar facilidades ~ *To make things easy.*
Dar golpecitos en la puerta ~ *To tap on the door.*
Dar gracias a Dios ~ *To give thanks to God.*
Dar importancia a algo ~ *To stress something / To give
    something importance.*
Dar instrucciones a alguien para que haga algo ~ *To instruct
    someone to do something.*
Dar jaque mate ~ *To checkmate.*
Dar la alarma ~ *To sound the alarm / To give the alarm.*
Dar la cara ~ *To face the consequences.*
Dar la cara por alguien ~ *To stand up for someone.*

Dar la enhorabuena a alguien por algo ~ *To congratulate someone on something.*
Dar la enhorabuena a alguien por haber hecho algo ~ *To congratulate someone on doing something.*
Dar la espalda a alguien ~ *To turn one's back on someone.*
Dar la hora ~ *To strike the hour.*
Dar la impresión de ~ *To give the impression of.*
Dar la luz ~ *To switch on the light.*
Dar la mano a alguien ~ *To shake hands with someone.*
Dar la noticia ~ *To break the news.*
Dar la razón a alguien ~ *To agree with someone.*
Dar la una ~ *To strike one o'clock.*
Dar la vuelta ~ *To turn round.*
Dar las buenas noches a alguien ~ *To say good night to someone / To wish someone good night.*
Dar las gracias a alguien ~ *To thank someone / To say thank you to someone.*
Dar las gracias a alguien por algo ~ *To thank someone for something.*
Dar las gracias a alguien por haber hecho algo ~ *To thank someone for doing something.*
Dar los últimos toques ~ *To put the finishing touches.*
Dar lugar a una discusión ~ *To give rise to a discussion.*
Dar luz verde a ~ *To give the green light to.*
Dar marcha atrás (cambiar de parecer) ~ *To change one's mind.*
Dar marcha atrás (recular) ~ *To back down.*
Dar media vuelta ~ *To turn round.*
Dar mucha importancia a algo ~ *To attach great importance to something.*
Dar muestras de ~ *To show signs of.*
Dar origen a algo ~ *To give rise to something.*
Dar paso a ~ *To make way for.*
Dar permiso ~ *To give leave / To give permission.*
Dar permiso a alguien para hacer algo ~ *To give someone leave to do something / To give someone permission to do something.*

Dar por perdido ~ *To give up for lost.*

Dar por terminada una discusión ~ *To consider the discussion over.*

Dar que hablar ~ *To cause gossip / To lead to gossip.*

Dar que hacer ~ *To give trouble / To give a lot to do.*

Dar que pensar ~ *To make one think.*

Dar razón de algo ~ *To give information about something.*

Dar un beso a papá ~ *To give Daddy a kiss.*

Dar un disgusto a alguien ~ *To upset someone / To cause someone sorrow .*

Dar un golpe a alguien ~ *To strike a blow at someone.*

Dar un grito ~ *To utter a cry / To give a loud scream / To give a shout.*

Dar un grito de dolor ~ *To give a cry of pain.*

Dar un paseo ~ *To go for a walk.*

Dar un paseo a caballo ~ *To go for a ride on horseback.*

Dar un paseo en barco ~ *To go for a sail / To take a boat-trip.*

Dar un paseo en bicicleta ~ *To go for a ride on a bicycle.*

Dar un paseo en coche ~ *To go for a ride in a car / To go for a drive.*

Dar un paso ~ *To take a step.*

Dar un paso adelante ~ *To step forward / To take a step forward.*

Dar un paso atrás ~ *To step back / To take a step backwards.*

Dar un paso en falso ~ *To make a wrong move / To take a false step.*

Dar un salto ~ *To jump.*

Dar una bofetada a alguien ~ *To slap someone in the face / To slap someone's face.*

Dar una charla acerca de algo ~ *To give a talk about something.*

Dar una conferencia ~ *To give a lecture.*

Dar una conferencia sobre un tema ~ *To give a lecture on a subject.*

Dar una cosa a cambio de otra ~ *To give one thing in exchange for another.*

Dar una paliza a alguien ~ *To beat someone up / To give someone a hiding.*

Dar una patada en el suelo ~ *To stamp one's foot on the floor.*

Dar una vuelta (paseo) ~ *To go for a stroll.*

Dar uno su opinión ~ *To give one's opinion.*

Dar vueltas ~ *To go round / To turn round.*

Dar vueltas alrededor ~ *To go round and round.*

Darle a uno hambre ~ *To get hungry.*

Darle a uno miedo la oscuridad ~ *To be afraid of the dark.*

Darle a uno pena alguien ~ *To feel sorry for someone.*

Darle a uno una insolación ~ *To get sunstroke.*

Darle la espalda a alguien ~ *To turn one's back on someone.*

Darse a conocer ~ *To make oneself known.*

Darse a la bebida ~ *To take to drink / To take to drinking.*

Darse a la fuga ~ *To take flight.*

Darse a las drogas ~ *To take to drugs.*

Darse aires de grandeza ~ *To put on airs / To give oneself airs.*

Darse al vicio ~ *To take to vice.*

Darse buena vida ~ *To have a good life / To live well.*

Darse contra una farola ~ *To crash into a lamppost / To collide with a lamppost.*

Darse cuenta de algo ~ *To become aware of something / To realise something.*

Darse de alta (en un club) ~ *To become a member.*

Darse de baja (en un club) ~ *To stop being a member.*

Darse la mano ~ *To shake hands.*

Darse la vuelta ~ *To turn round.*

Darse media vuelta ~ *To turn back.*

Darse mucha importancia ~ *To put on airs / To give oneself airs.*

Darse por aludido ~ *To take the hint.*

Darse por ofendido ~ *To feel offended / To take offence.*

Darse por vencido ~ *To give up.*

Darse prisa ~ *To hurry up.*

Darse prisa para llegar a casa ~ *To hurry home.*

Darse tono ~ *To put on airs.*
Darse un baño (en la bañera) ~ *To have a bath.*
Darse un baño (en la playa) ~ *To go for a swim.*
Darse un golpe en la cabeza (contra algo) ~ *To bang one's head.*
Darse un susto ~ *To have a fright / To get a fright.*
Darse una ducha ~ *To have a shower.*
Darse uno contra otro ~ *To knock against one another / To bump into each other.*
Darse uno importancia ~ *To be full of one's own importance.*
Darse uno una paliza ~ *To wear oneself out.*
Dársele a uno bien algo ~ *To be good at something.*
Dársele a uno mal algo ~ *To be bad at something.*
Dársele bien a alguien hacer algo ~ *To be good at doing something.*
Dársele mal a alguien hacer algo ~ *To be bad at doing something.*
Datar de ~ *To date from.*
De acá para allá ~ *Up and down / To and from.*
De acuerdo ~ *All right.*
De acuerdo con ~ *According to / In accordance with.*
De acuerdo con alguien ~ *In agreement with someone.*
De ahora en adelante ~ *From now on.*
De algún tiempo a esta parte ~ *For some time past.*
De alguna manera ~ *Somehow.*
De alquiler ~ *On hire.*
De altura ~ *In height.*
De anchura ~ *In width.*
De antaño ~ *Of old / In days gone by.*
De antemano ~ *Beforehand / In advance.*
De aquí en adelante ~ *From now on.*
De aquí para allá ~ *To and fro.*
De arriba a abajo ~ *From top to bottom.*
De balde ~ *Free of charge.*
De broma ~ *For a joke.*
De buen humor ~ *In a good temper / In a good mood.*
De buena familia ~ *From a good family.*

De buena gana ~ *Gladly / Willingly.*
De buenas a primeras ~ *All of a sudden / All at once.*
De cabeza ~ *Head first.*
De cabo a rabo ~ *Right through / From A to Z / From beginning to end.*
De camino ~ *On one's way / On the way.*
De camino a casa ~ *On the way home.*
De camino a la oficina ~ *On the way to the office.*
De casa en casa ~ *From house to house.*
De casualidad ~ *By chance.*
De común acuerdo ~ *By common consent.*
De confección (un traje) ~ *A ready-made suit / An off-the-peg suit.*
De conformidad con ~ *In agreement with / In accordance with.*
De cualquier modo ~ *Anyway /Anyhow.*
De cualquier otra manera ~ *In any other way.*
De cuatro a cinco ~ *From four to five.*
De día ~ *By day / In the daytime.*
De día en día ~ *From day to day.*
De día y de noche ~ *By day and by night.*
De distintas maneras ~ *In different ways.*
De dos en dos ~ *Two by two / Two at a time.*
De dos maneras ~ *In two ways.*
De edad avanzada ~ *Of advanced age / Elderly.*
De esa forma ~ *In that way / Like that.*
De espaldas a la máquina ~ *With one's back to the engine.*
De esta forma ~ *In this way.*
De excursión ~ *On an excursion.*
De forma distinta ~ *In a different way.*
De forma tal ~ *In such a way.*
De golpe ~ *All at once.*
De hecho ~ *In fact / As a matter of fact.*
De hoy a mañana ~ *Any time now / At any moment.*
De hoy en adelante ~ *From this day onwards / From now on.*
De hoy en ocho días ~ *A week today.*
De hoy en una semana ~ *This time next week.*

De huelga ~ *On strike.*
De igual manera ~ *In the same way / Likewise.*
De importancia ~ *Of account / Of importance.*
De improviso ~ *Unexpectedly / Without warning.*
De izquierda a derecha ~ *From left to right.*
De joven ~ *As a youth / In my youth / When I was young.*
De la cabeza a los pies ~ *From head to foot.*
De la mañana a la noche ~ *From morning to night.*
De la misma manera ~ *In the same way.*
De la noche a la mañana ~ *Overnight.*
De lado a lado ~ *From side to side.*
De longitud ~ *In length.*
De los pies a la cabeza ~ *From head to foot.*
De lunes a viernes ~ *From Monday to Friday.*
De luto ~ *In mourning.*
De luto riguroso ~ *In deep mourning.*
De Madrid a Londres ~ *From Madrid to London.*
De madrugada ~ *In the small hours.*
De mal en peor ~ *From bad to worse.*
De mal humor ~ *In a bad temper.*
De mala gana ~ *Unwillingly.*
De manera que ~ *So.*
De mañana en ocho días ~ *Tomorrow week.*
De memoria ~ *By heart / From memory.*
De mi puño y letra ~ *Written in my own hand / In my own handwriting.*
De modo que ~ *So that.*
De momento ~ *For the time being / At the moment.*
De mutuo acuerdo ~ *By mutual agreement / By mutual accord.*
De nacimiento ~ *From birth.*
De nada ~ *Not at all / Don't mention it / You're welcome.*
De nada sirve ~ *It's no good / It's no use.*
De negocios ~ *On business.*
De ningún modo ~ *By no means.*
De ninguna importancia ~ *Of no account.*
De ninguna manera ~ *By no means / In no way.*

De niño ~ *As a child.*
De noche ~ *At night / By night.*
De norte a sur ~ *From north to south.*
De oferta ~ *On special offer.*
De palabra ~ *By word of mouth.*
De par en par ~ *Wide open.*
De parte a parte ~ *From one side to the other.*
De parte de ~ *On behalf of / From.*
De pasada ~ *In passing.*
De paso ~ *By the way.*
De permiso ~ *On leave.*
De pie ~ *Standing.*
De pie junto a la puerta ~ *Standing at the door.*
De pie junto a la ventana ~ *Standing at the window.*
De pies a cabeza ~ *From head to foot / From top to toe.*
De poca importancia ~ *Of little account.*
De por sí ~ *In itself.*
De por vida ~ *For life.*
De primer orden ~ *First-rate / First-class.*
De primera categoría ~ *First-rate.*
De principio a fin ~ *From beginning to end / From start to finish.*
De prisa ~ *In a hurry.*
De pronto ~ *Suddenly.*
De puerta en puerta ~ *From door to door.*
De punta a punta ~ *From one end to the other.*
De punta en blanco ~ *Dressed up to the nines.*
De puntillas ~ *On tiptoe.*
De pura casualidad ~ *Quite by accident / By sheer chance.*
De qué manera? ~ *In which way?*
De quita y pon ~ *Detachable / Removable.*
De regreso ~ *On the way back.*
De regreso a Madrid ~ *Back in Madrid.*
De repente ~ *All of a sudden / All at once / Suddenly.*
De reserva ~ *In reserve.*
De rodillas ~ *On one's knees / On bended knees.*
De sabor agradable ~ *Pleasant tasting.*

De ser así ~ *If so.*
De servicio ~ *On duty.*
De sobra ~ *Enough and to spare / More than enough.*
De sol a sol ~ *From sunrise to sunset.*
De su puño y letra ~ *In his own handwriting.*
De tal manera que ~ *In such a way that.*
De tal modo ~ *In such a way.*
De tamaño natural ~ *Life-size.*
De tarde en tarde ~ *From time to time / Now and then.*
De todas formas ~ *By all means.*
De todas maneras ~ *In any case / Anyhow.*
De todas partes ~ *From far and near.*
De todo corazón ~ *With all one's heart.*
De todo punto imposible ~ *Absolutely impossible.*
De todos modos ~ *All the same / Anyway.*
De un bocado ~ *In one mouthful / In one go.*
De un extremo al otro ~ *From one end to the other / From end to end.*
De un golpe ~ *At one blow / At one go.*
De un lado a otro ~ *From side to side / From one side to the other.*
De un lugar a otro ~ *From one place to the other / From one place to another.*
De un momento a otro ~ *At any moment / Any time now.*
De un salto ~ *At one leap / At one jump.*
De un solo golpe ~ *At a single blow.*
De un tiempo a esta parte ~ *For some time now.*
De un trago ~ *At a single gulp.*
De una ciudad a otra ~ *From one town to another.*
De una manera u otra ~ *By some means or other / One way or another / Somehow or other.*
De una ojeada ~ *At a glance.*
De una vez para siempre ~ *Once and for all.*
De una vez por todas ~ *Once and for all.*
De una zancada ~ *At one stride.*
De uniforme ~ *In uniform.*
De uno en uno ~ *One by one / One at a time.*

De vacaciones ~ *On holiday.*
De vez en cuando ~ *From time to time.*
De viaje ~ *On a journey / Away on a trip.*
De visita ~ *On a visit.*
De vista poco agradable ~ *Unpleasant to see / Rather unpleasant to look at.*
Deber dinero a alguien ~ *To owe some money to someone / To owe someone money.*
Debido a la escasez de agua ~ *Because of the water shortage / Due to the water shortage.*
Decidir hacer algo ~ *To decide to do something.*
Decidirse por una cosa ~ *To decide on a thing.*
Decir a alguien que haga algo ~ *To tell someone to do something.*
Decir adiós a alguien ~ *To say goodbye to someone.*
Decir adiós con la mano a alguien ~ *To wave goodbye to someone.*
Decir algo ~ *To say something.*
Decir algo a alguien ~ *To say something to someone.*
Decir algo en broma ~ *To say something for fun.*
Decir algo en voz alta ~ *To say something in a loud voice / To say something aloud.*
Decir algo en voz baja ~ *To say something in a low voice / To say something quietly.*
Decir buenas noches a alguien ~ *To wish someone good night / To say good night to someone.*
Decir cuál es la diferencia entre una cosa y otra ~ *To tell the difference between one thing and another.*
Decir la buenaventura a alguien ~ *To tell someone's fortune.*
Decir la hora ~ *To tell the time.*
Decir la última palabra ~ *To have the last word.*
Decir la verdad ~ *To tell the truth.*
Decir lo que uno siente ~ *To speak one's mind.*
Decir mentiras ~ *To tell lies.*
Decir mentiras a alguien ~ *To tell lies to someone / To tell someone lies.*
Decir para sí ~ *To say to oneself.*

Decir por decir ~ *To talk for the sake of talking.*
Decir que no ~ *To say no.*
Decir una mentira ~ *To tell a lie.*
Decirse a uno mismo ~ *To say to oneself / To tell oneself.*
Declarar la guerra ~ *To declare war.*
Declarar por escrito ~ *To give a written statement / To make a written declaration.*
Declararse en huelga ~ *To go on strike.*
Dedicado a ~ *Devoted to.*
Dedicar todo el tiempo al estudio ~ *To devote all one's time to study.*
Dedicar un libro a alguien ~ *To dedicate a book to someone.*
Dedicarse a la pintura ~ *To go in for painting.*
Dedicarse al teatro ~ *To go into the theatre.*
Defender a alguien de un ataque ~ *To defend someone from an attack.*
Dejando bromas aparte ~ *Joking apart.*
Dejar a alguien al margen ~ *To leave someone out.*
Dejar a alguien en paz ~ *To leave someone alone.*
Dejar a alguien hacer algo ~ *To let someone do something.*
Dejar a alguien inconsciente de un golpe ~ *To knock someone unconscious / To knock someone out.*
Dejar a alguien que haga algo ~ *To allow someone to do something / To let someone do something.*
Dejar a alguien sin sentido ~ *To knock someone out / To knock someone senseless.*
Dejar a alguien tranquilo ~ *To let someone alone / To leave someone in peace.*
Dejar a un lado ~ *To leave aside.*
Dejar algo (que se tiene en la mano) ~ *To put something down.*
Dejar algo a alguien (a su custodia) ~ *To leave something with someone.*
Dejar algo a alguien (en herencia) ~ *To leave something to someone.*
Dejar algo a alguien (prestárselo) ~ *To lend something to someone / To lend someone something.*

Dejar algo en cualquier lugar ~ *To leave something about.*
Dejar algo en prenda ~ *To leave something as a security.*
Dejar caer algo ~ *To let something fall / To drop something.*
Dejar caer algo al suelo ~ *To drop something on the floor.*
Dejar de beber ~ *To give up drinking / To stop drinking.*
Dejar de fumar ~ *To give up smoking / To stop smoking.*
Dejar de hacer algo ~ *To stop doing something.*
Dejar de trabajar ~ *To leave off work / To knock off work / To
    stop working.*
Dejar el agua correr ~ *To leave the water on.*
Dejar el grifo abierto ~ *To leave the tap running.*
Dejar entrar a alguien ~ *To let someone in.*
Dejar entrar a alguien en un lugar ~ *To let someone into a
    place.*
Dejar escapar el aire ~ *To let the air out.*
Dejar escapar una ocasión ~ *To let an opportunity go by / To
    miss one's chance.*
Dejar huellas de pisadas ~ *To leave tracks / To leave
    footprints.*
Dejar la búsqueda ~ *To stop searching / To stop the search.*
Dejar la escuela ~ *To leave school.*
Dejar la puerta abierta ~ *To leave the door open.*
Dejar mucho que desear ~ *To leave much to be desired.*
Dejar pasar una oportunidad ~ *To let slip an opportunity.*
Dejar recado ~ *To leave word.*
Dejar salir a alguien ~ *To let someone go out.*
Dejar salir a alguien de un lugar ~ *To let someone out of a
    place.*
Dejar un hueco ~ *To leave a gap / To leave a space.*
Dejar un libro (que se está leyendo) ~ *To put down a book.*
Dejar un lugar ~ *To leave a place.*
Dejar un recado ~ *To leave a message.*
Dejarle a uno sin aliento ~ *To leave someone breathless.*
Dejarse algo olvidado en un sitio ~ *To leave something
    behind somewhere.*
Dejarse barba ~ *To grow a beard.*
Dejarse bigote ~ *To grow a moustache.*

Dejarse convencer ~ *To allow oneself to be persuaded / To let oneself be convinced.*

Dejarse de rodeos ~ *To stop beating about the bush.*

Del lunes al sábado ~ *From Monday to Saturday.*

Del principio al fin ~ *From beginning to end / From start to finish.*

Del revés (lo de abajo arriba) ~ *Upside down.*

Del revés (lo de atrás delante) ~ *Back to front.*

Del revés (lo de dentro fuera) ~ *Inside out.*

Del uno al diez ~ *From one to ten.*

Delante (en presencia) de alguien ~ *In someone's presence / In front of someone.*

Delante de las propias narices de alguien ~ *Right under someone's nose.*

Delante de todo ~ *Right at the front.*

Delante del banco ~ *In front of the bank.*

Delante del espejo ~ *In front of the mirror.*

Deleitarse haciendo algo ~ *To delight in doing something.*

Deletrear una palabra ~ *To spell a word.*

Deliberar sobre un asunto ~ *To deliberate on a matter.*

Demandar a alguien por daños y perjuicios ~ *To sue someone for damages.*

Demasiado tiempo ~ *Too long.*

Demorarse en hacer algo ~ *To take a long time in doing something.*

Dentro de algunos años ~ *In a few years' time.*

Dentro de cinco días ~ *Five days from now / In five days' time.*

Dentro de diez minutos ~ *In ten minutes.*

Dentro de lo posible ~ *Within the bounds of possibility.*

Dentro de lo razonable ~ *Within reason.*

Dentro de media hora ~ *In half an hour / In half an hour's time.*

Dentro de nada ~ *In no time at all.*

Dentro de poco ~ *Before long.*

Dentro de pocos minutos ~ *In a few minutes.*

Dentro de tres meses ~ *In three months' time.*

Dentro de tres semanas ~ *In three weeks' time.*
Dentro de un año ~ *In a year's time.*
Dentro de un mes ~ *In a month's time.*
Dentro de un momento ~ *In a moment.*
Dentro de un rato ~ *In a little while.*
Dentro de una hora ~ *In an hour's time.*
Dentro de una media hora ~ *In about half an hour.*
Dentro de una semana ~ *In a week's time.*
Dentro de unos días ~ *In a few days' time.*
Dentro de unos límites ~ *Within limits.*
Depender de algo ~ *To depend on something.*
Depender de alguien ~ *To depend on someone.*
Deponer las armas ~ *To lay down one's arms.*
Derramar la tinta ~ *To knock the ink over / To spill the ink.*
Derramar lágrimas ~ *To shed tears.*
Derribar a alguien de un golpe ~ *To knock someone down
    with a blow.*
Derribar algo ~ *To knock something down.*
Derribar un avión ~ *To shoot a plane down.*
Derribar un edificio ~ *To pull a building down.*
Derribar una puerta ~ *To break a door down.*
Derribar una silla ~ *To knock a chair over.*
Desabrocharse la chaqueta ~ *To undo one's jacket.*
Desahogarse (llorando) ~ *To get something off one's chest.*
Desanimar a alguien de que haga algo ~ *To discourage
    someone from doing something.*
Desaparecer de la vista ~ *To disappear from view.*
Desaprobar algo ~ *To disapprove of something.*
Desarmar (un mecanismo) ~ *To take to pieces.*
Desatornillar un tornillo ~ *To unscrew a screw.*
Descabezar un sueño ~ *To take a nap.*
Descansar del trabajo ~ *To have a rest from work.*
Descansar un poco ~ *To have a short rest.*
Descargar algo de un camión ~ *To unload something from a
    lorry.*
Descender las escaleras ~ *To go down the stairs / To come
    down the stairs.*

Descolgar el auricular ~ *To lift the receiver.*
Desconfiar de alguien (no fiarse) ~ *To distrust someone.*
Desconfiar de alguien (sospechar) ~ *To suspect someone.*
Descontento con algo ~ *Displeased with something.*
Descontento con alguien ~ *Displeased with someone.*
Descorrer el cerrojo ~ *To unlock the bolt / To unbolt the door.*
Descortés con alguien ~ *Impolite to someone / Rude to someone.*
Describir algo a alguien ~ *To describe something to someone.*
Descubrir la verdad ~ *To find out the truth.*
Desde ahora ~ *From now on / As from now.*
Desde ahora en adelante ~ *From now on.*
Desde allí ~ *From there.*
Desde aquel momento ~ *From that moment on / Since then.*
Desde aquel momento hasta ahora ~ *From that time till now / From then till now / Between then and now.*
Desde aquella época ~ *Since that time.*
Desde aquí ~ *From here.*
Desde arriba ~ *From above.*
Desde arriba hasta abajo ~ *From the top to the bottom.*
Desde cuándo? ~ *Since when?*
Desde dentro ~ *From the inside.*
Desde el comienzo ~ *From the start / From the beginning.*
Desde el comienzo hasta el final ~ *From first to last / From start to finish.*
Desde el lunes (a partir del lunes) ~ *Starting on Monday.*
Desde el lunes (pasado) ~ *Since Monday.*
Desde el mismo comienzo ~ *Right from the start / From the very beginning.*
Desde el otro extremo ~ *From the other end.*
Desde el primero al último ~ *From first to last.*
Desde el principio ~ *From the beginning / From the start / From the first.*
Desde el principio hasta el fin ~ *From the beginning to the end / From start to finish.*

Desde el punto de vista de uno ~ *From one's point of view.*
Desde entonces ~ *Since then / From that time on.*
Desde ese momento ~ *From that time on / Since that time.*
Desde ese punto de vista ~ *From that point of view.*
Desde fuera ~ *From the outside / From outside.*
Desde hoy ~ *From this day / From today.*
Desde la ventana ~ *From the window.*
Desde las cuatro hasta las cinco ~ *From four to five.*
Desde las dos hasta las tres ~ *From two o'clock to three
    o'clock.*
Desde lejos ~ *From a distance / From a long way away.*
Desde lo alto ~ *From above / From the top.*
Desde lo alto de la montaña ~ *From the top of the mountain.*
Desde lo más alto hasta lo más bajo ~ *From the highest down
    to the lowest.*
Desde luego ~ *Of course.*
Desde luego que no ~ *Of course not.*
Desde Madrid a Londres ~ *From Madrid to London.*
Desde mi punto de vista ~ *From my point of view.*
Desde niño ~ *From childhood / Since I was a child.*
Desde temprano por la mañana hasta tarde por la noche ~
    From early morning till late at night.
Desde tiempo inmemorial ~ *From time immemorial.*
Desdoblar una sábana ~ *To unfold a sheet.*
Desear a alguien buena suerte ~ *To wish someone good luck.*
Desear a alguien un buen viaje ~ *To wish someone a good
    journey.*
Desear algo ~ *To wish for something.*
Desear algo vivamente ~ *To long for something.*
Desear buenas noches a alguien ~ *To wish someone good
    night.*
Desear hacer algo ~ *To wish to do something.*
Desear que alguien haga algo ~ *To want someone to do
    something.*
Desembarazarse de algo ~ *To get rid of something.*
Desembocar en el mar ~ *To flow into the sea.*
Desempeñar un papel ~ *To play a part.*

Desenvainar una espada ~ *To draw a sword.*

Desenvolver un regalo ~ *To unwrap a present.*

Desertar del ejército ~ *To desert from the army.*

Deshacerse de algo ~ *To get rid of something.*

Deshacerse en lágrimas ~ *To weep one's eyes out / To dissolve into tears.*

Desinflar un globo ~ *To let the air out of a balloon.*

Desistir del intento ~ *To give up the attempt.*

Desmayarse de hambre ~ *To faint with hunger.*

Desmontar de un caballo ~ *To dismount from a horse.*

Desmontar un motor ~ *To take an engine to pieces / To dismantle an engine.*

Desnudo hasta la cintura ~ *Bare to the waist.*

Despedido por llegar tarde ~ *Dismissed for being late.*

Despedir a alguien (de un empleo) ~ *To give someone the sack / To fire someone / To dismiss someone.*

Despedir a alguien (acompañarle hasta la puerta) ~ *To see someone out.*

Despedir a alguien (decirle adiós) ~ *To say goodbye to someone.*

Despedir a alguien con un beso ~ *To kiss someone goodbye.*

Despedir a alguien en la estación ~ *To see someone off at the station.*

Despedirse a la francesa ~ *To take French leave.*

Despedirse de alguien ~ *To take leave of someone / To say goodbye to someone.*

Desperdigados por la región ~ *Scattered throughout the region.*

Despertar a alguien ~ *To wake someone up / To awaken someone.*

Despertar sospechas ~ *To arouse suspicion.*

Despertarse de un sueño ~ *To wake up from a dream.*

Despertarse sobresaltado ~ *To wake up with a start.*

Despojar a alguien de algo ~ *To deprive someone of something.*

Despreciar a alguien ~ *To look down on someone / To despise someone.*

Desprovisto de significado ~ *Devoid of meaning.*

Después de algún tiempo ~ *After a time / Some while later.*

Después de cenar ~ *After dinner.*

Después de diez años de matrimonio ~ *After ten years of marriage.*

Después de eso ~ *After that.*

Después de la cena ~ *After dinner.*

Después de la guerra ~ *After the war.*

Después de pensarlo mejor ~ *Thinking better of it.*

Después de todo ~ *After all.*

Después de tres semanas ~ *After three weeks.*

Después de un rato ~ *After a while.*

Después de una hora más o menos ~ *After an hour or so.*

Después de una o dos semanas ~ *After a week or two.*

Después de unos diez minutos ~ *After ten minutes or so.*

Después de unos momentos de silencio ~ *After a few minutes' silence / At the end of a few minutes' silence.*

Después del desayuno ~ *After breakfast.*

Después del trabajo ~ *After work.*

Destacar algo ~ *To point something out / To make something stand out.*

Desternillarse de risa ~ *To rock with laughter / To split one's sides laughing / To split one's sides with laughter.*

Destrozar el corazón a alguien ~ *To break someone's heart.*

Desviarse del tema ~ *To wander off the subject / To get off the subject.*

Detener el tráfico ~ *To hold up the traffic / To stop the traffic.*

Detestar hacer algo ~ *To detest doing something.*

Devolver algo a alguien ~ *To give something back to someone.*

Devolver el dinero ~ *To pay back the money / To refund the money.*

Devolver un golpe a alguien ~ *To hit someone back.*

Devorar la comida ~ *To gobble up the food.*

Día tras día ~ *Day after day.*

Día y noche ~ *Day and night.*

Dibujar a lápiz ~ *To draw in pencil.*
Dibujar a mano alzada ~ *To draw freehand.*
Dibujar un avión ~ *To draw a plane.*
Dicho y hecho ~ *No sooner said than done.*
Dictar una carta a una secretaria ~ *To dictate a letter to a secretary.*
Diez minutos más ~ *Another ten minutes / Ten minutes more.*
Diferenciar una cosa de otra ~ *To differentiate between one thing and another.*
Diferente de ~ *Different from.*
Diferente de los demás ~ *Different from the rest.*
Diferir de ~ *To differ from / To be different from.*
Diferir en muchos aspectos ~ *To differ in many ways.*
Difícil de creer ~ *Difficult to believe.*
Difícil de hacer ~ *Difficult to do.*
Dificultad para hacer algo ~ *Difficulty in doing something.*
Dignarse a hacer algo ~ *To deign to do something.*
Directamente enfrente ~ *Right in front.*
Dirigir un negocio ~ *To run a business.*
Dirigir un sobre ~ *To address an envelope.*
Dirigir una carta ~ *To address a letter.*
Dirigir uno sus pasos ~ *To make one's way.*
Dirigirse a alguien ~ *To speak to someone.*
Dirigirse a un lugar ~ *To make for a place / To make one's way to somewhere.*
Disculpar a alguien por llegar tarde ~ *To excuse someone for arriving late.*
Discutir con alguien ~ *To argue with someone.*
Discutir por algo ~ *To argue about something.*
Discutir un asunto ~ *To discuss a question / To discuss a matter.*
Disfrazado de bombero ~ *Dressed up as a fireman / Disguised as a fireman.*
Disfrutar de algo ~ *To enjoy something.*
Disfrutar haciendo algo ~ *To enjoy doing something.*
Disgustado con alguien ~ *Displeased with someone.*
Disgustar a una persona ~ *To upset a person.*

Disgustarle a uno hacer algo ~ *To dislike doing something.*
Disminuir de tamaño ~ *To decrease in size / To get smaller.*
Disminuir la marcha ~ *To slow down.*
Disparar a alguien por la espalda ~ *To shoot someone in the back.*
Disparar a matar ~ *To shoot to kill.*
Disparar a quemarropa ~ *To fire at point-blank range.*
Disparar contra alguien ~ *To shoot at someone.*
Disparar un arma ~ *To fire a gun.*
Disparar un tiro ~ *To fire a shot.*
Dispuesto para salir ~ *Ready to go out.*
Distar mucho de ser perfecto ~ *To be far from being perfect.*
Distinguir a una persona de otra ~ *To distinguish one person from another.*
Distinguir algo a lo lejos ~ *To make out something in the distance.*
Distinguir entre dos cosas ~ *To distinguish between two things.*
Distinguir una cosa de otra ~ *To distinguish one thing from another.*
Distinguir uno de otro ~ *To distinguish one from another / To tell one from the other.*
Distribuir los libros entre los estudiantes ~ *To give the books out to the students.*
Disuadir a alguien de que haga algo ~ *To dissuade someone from doing something.*
Divertirse haciendo algo ~ *To enjoy doing something / To amuse oneself by doing something.*
Divertirse mucho ~ *To have a very good time.*
Dividir a los chicos en pequeños grupos ~ *To divide the boys into small groups.*
Dividir algo en dos partes ~ *To divide something into two parts.*
Dividir algo entre dos personas ~ *To divide something between two people.*
Dividir algo entre tres personas ~ *To divide something among three people.*

Dividir doce entre tres ~ *To divide twelve by three.*
Dividir por la mitad ~ *To divide in half.*
Divorciarse de alguien ~ *To divorce someone / To get divorced from someone.*
Divulgar un secreto ~ *To let out a secret.*
Doblar a la derecha ~ *To turn right.*
Doblar a la izquierda ~ *To turn left.*
Doblar algo ~ *To fold something up.*
Doblar algo en dos ~ *To fold something in two.*
Doblar algo por la mitad ~ *To fold something in half.*
Doblar el periódico ~ *To fold the newspaper over.*
Doblar la esquina ~ *To go round the corner / To turn the corner.*
Doblar la rodilla ~ *To bend the knee.*
Doblar la ropa ~ *To fold the clothes.*
Dolerle a uno la cabeza ~ *To get a headache / To have a headache.*
Dolerle a uno la pierna ~ *To have a pain in one's leg.*
Domar un caballo ~ *To break in a horse.*
Dominar algo ~ *To have something under control.*
Donde sea necesario ~ *Where necessary.*
Dormir a pierna suelta ~ *To sleep soundly.*
Dormir la siesta ~ *To have an afternoon nap / To take an afternoon nap.*
Dormir profundamente ~ *To sleep deeply.*
Dormir una noche en un hotel ~ *To stay a night at a hotel.*
Dos a la vez ~ *Two at a time.*
Dos horas más tarde ~ *Two hours later.*
Dos por un penique ~ *Two a penny.*
Dos veces al año ~ *Twice a year.*
Dos veces al día ~ *Twice a day.*
Dos veces por semana ~ *Twice a week.*
Dudar de algo ~ *To be doubtful about something / To be in doubt about something.*
Dudar de la palabra de alguien ~ *To doubt someone's word.*
Durante algún tiempo ~ *For a time / For some time.*
Durante algún tiempo después ~ *For some time afterwards.*

Durante años y años ~ *For years and years.*
Durante el almuerzo ~ *At lunch / During lunch.*
Durante el desayuno ~ *At breakfast / During breakfast.*
Durante el día ~ *In the daytime / During the day.*
Durante el fin de semana ~ *At the weekend / During the weekend.*
Durante el mes de agosto ~ *In August / During the month of August.*
Durante el resto de su vida ~ *For the rest of his life.*
Durante horas y horas ~ *For hours and hours.*
Durante la cena ~ *At dinner / During dinner.*
Durante la comida ~ *At lunch / During lunch.*
Durante la noche ~ *During the night.*
Durante la semana ~ *In the course of the week / During the week.*
Durante las últimas tres semanas ~ *For the past three weeks.*
Durante los años noventa ~ *In the nineties.*
Durante los últimos años ~ *For the past few years.*
Durante los últimos diez años ~ *For the past ten years.*
Durante más de diez años ~ *For over ten years.*
Durante más de un año ~ *For more than a year / For over a year.*
Durante mucho tiempo ~ *For a long time.*
Durante tanto tiempo ~ *For such a long time / For so long.*
Durante toda la noche ~ *All night long / For the whole night.*
Durante todo el año ~ *All (the) year round / For the whole year.*
Durante todo el camino hasta Madrid ~ *All the way to Madrid.*
Durante todo el día ~ *All day long.*
Durante todo el invierno ~ *Throughout the winter / All winter / All winter long.*
Durante todo el viaje ~ *All through the journey / During the whole journey.*
Durante un minuto más o menos ~ *For about a minute.*
Durante un rato ~ *For a while.*

Durante un tiempo ~ *For a time.*
Durante una hora aproximadamente ~ *For about an hour.*
Durante una hora larga ~ *For well over an hour / For a good
      hour / For an hour easily.*
Durante una pausa ~ *During a pause.*
Durante una semana seguida ~ *For a whole week running.*
Durante unos momentos ~ *For a moment or two / For a few
      moments.*
Durar mucho tiempo ~ *To last a long time.*
Duro de oído ~ *Hard of hearing.*

E

Echar a alguien a puntapiés ~ *To kick someone out.*
Echar a alguien en falta ~ *To miss someone.*
Echar a correr ~ *To run away / To start running.*
Echar abajo ~ *To knock down.*
Echar agua de una jarra ~ *To pour water out of a jug.*
Echar agua en una jarra ~ *To pour water into a jug.*
Echar agua por el fregadero ~ *To pour water down the sink.*
Echar algo a cara o cruz ~ *To toss up for something.*
Echar algo a suertes ~ *To draw lots for something.*
Echar algo de menos ~ *To miss something.*
Echar de comer a las gallinas ~ *To feed the hens.*
Echar de menos a alguien ~ *To miss someone.*
Echar el cerrojo a la puerta ~ *To bolt the door.*
Echar el freno ~ *To put the brake on.*
Echar en cara ~ *To throw in one's face.*
Echar la culpa a alguien ~ *To put the blame on someone.*
Echar la llave ~ *To lock up.*
Echar la puerta abajo ~ *To break the door down.*
Echar raíces ~ *To put down roots.*
Echar sal a la sopa ~ *To add salt to the soup / To put salt in the soup.*
Echar té ~ *To pour out tea.*
Echar tierra a un asunto ~ *To hush something up.*
Echar un cubo de agua sobre algo ~ *To throw a bucket of water over something.*
Echar un vaso de vino ~ *To pour out a glass of wine.*
Echar un vistazo a algo ~ *To have a quick look at something.*
Echar una bronca a alguien ~ *To tell someone off.*
Echar una cabezada ~ *To drop off to sleep / To have a snooze.*
Echar una carrera a alguien ~ *To race someone.*
Echar una carta al buzón ~ *To drop a letter into the post-box.*

Echar una carta al correo ~ *To post a letter.*

Echar una mano a alguien ~ *To lend someone a hand.*

Echar una mirada a algo ~ *To have a quick look at something.*

Echar una moneda en la máquina ~ *To put a coin in the (slot) machine.*

Echar una ojeada a algo ~ *To have a quick look at something.*

Echar una regañina a alguien ~ *To tell someone off / To give someone a telling-off.*

Echarle la culpa a alguien ~ *To put the blame on someone.*

Echarle la culpa a alguien por haber hecho algo ~ *To blame someone for doing something.*

Echarle un rapapolvo a alguien ~ *To give someone a dressing-down.*

Echarse (servirse) un vaso de vino ~ *To pour oneself out a glass of wine.*

Echarse a llorar ~ *To burst into tears / To start crying.*

Echarse a perder (alimentos) ~ *To go bad.*

Echarse a reír ~ *To burst into laughter / To burst out laughing.*

Echarse a un lado ~ *To make way.*

Echarse novia ~ *To get a steady girlfriend.*

Echarse novio ~ *To get a steady boyfriend.*

Echarse un abrigo por los hombros ~ *To throw an overcoat over one's shoulders.*

Echarse uno la culpa ~ *To blame oneself.*

Educar mal a un niño (consentirle) ~ *To spoil a child.*

Ejercer de abogado ~ *To practise law / To work as a lawyer.*

El año pasado ~ *Last year.*

El año que viene ~ *Next year.*

El caso es ~ *The thing is.*

El día anterior ~ *The day before.*

El día de mañana ~ *In the future / One day soon / Tomorrow.*

El doble de tiempo ~ *Twice as long.*

El domingo ~ *On Sunday.*

El domingo pasado ~ *Last Sunday.*

El domingo por la mañana ~ *On Sunday morning.*

El domingo por la tarde ~ *On Sunday afternoon / On Sunday evening.*

El domingo que viene ~ *Next Sunday.*

El dos de noviembre ~ *The second of November.*

El hecho de que ~ *The fact that.*

El hecho es que ~ *The fact is that.*

El lado derecho ~ *The right-hand side.*

El lado izquierdo ~ *The left-hand side.*

El mes pasado ~ *Last month.*

El mes que viene ~ *Next month.*

El otro día ~ *The other day.*

El penúltimo ~ *The last but one / The next to the last.*

El periódico de hoy ~ *Today's newspaper.*

El primero de los cuales ~ *The first of which.*

El próximo año ~ *Next year.*

El próximo domingo ~ *Next Sunday.*

El próximo mes ~ *Next month.*

El resto del día ~ *The rest of the day.*

El uno de abril ~ *The first of April.*

Elegir a alguien presidente ~ *To elect someone president.*

Elegir algo (entre varias cosas) ~ *To pick something out / To choose something.*

Elegir algo (señalando) ~ *To point something out.*

Elegir algo para alguien ~ *To choose something for someone.*

Elegir entre dos cosas ~ *To choose between two things / To make a choice between two things.*

Elegir entre irse o quedarse ~ *To choose between going or staying.*

Elegir entre una gama de colores ~ *To choose from a range of colours.*

Eludir una respuesta ~ *To avoid answering.*

Embarcarse para Inglaterra ~ *To embark for England.*

Empastar un diente ~ *To fill a tooth / To put a filling in a tooth.*

Empastarse un diente ~ *To have a tooth filled / To have a filling put in.*

Empeñar uno su palabra ~ *To give one's word.*

Empezar a hacer algo ~ *To begin doing something / To start doing something / To begin to do something / To start to do something.*

Empezar a ir a la escuela ~ *To start school.*

Empezar con mayúscula (una palabra) ~ *To begin with a capital letter.*

Empezar desde el mismo comienzo ~ *To begin at the very beginning.*

Empezar en la página diez ~ *To begin at page ten / To begin on page ten.*

Empezar las vacaciones (en la escuela) ~ *To break up for the holidays.*

Empezar por algo ~ *To begin with something.*

Empezar por hacer algo ~ *To begin by doing something.*

Empezar por vocal (una palabra) ~ *To begin with a vowel.*

Empleado en una fábrica ~ *Employed at a factory.*

Emplear a alguien para que haga una tarea ~ *To employ someone to carry out a task.*

Emprender un viaje ~ *To set out on a trip.*

Empujar fuerte ~ *To push hard.*

Empujar hacia adelante ~ *To push forward / To push towards the front.*

Empujar hacia adentro ~ *To push in.*

Empujar hacia afuera ~ *To push out.*

Empujar hacia atrás ~ *To push backwards / To push towards the back / To push back.*

Empuñar las armas ~ *To take up arms.*

En absoluto ~ *At all / Not a bit.*

En abstracto ~ *In the abstract.*

En abundancia ~ *In abundance.*

En acción ~ *At work / In action.*

En adelante ~ *From now on.*

En agosto del año pasado ~ *Last August.*

En agosto del año que viene ~ *Next August.*

En alabanza de ~ *In praise of.*

En algunos aspectos ~ *In some ways.*

En almacén ~ *In stock.*

En antena ~ *On the air.*
En apoyo de ~ *In support of.*
En apuros ~ *In trouble / In a tight spot.*
En aquel entonces ~ *At that time.*
En aquel mismo momento ~ *Just at that moment / At that
     very moment.*
En aquel momento ~ *At that moment.*
En aquel tiempo ~ *At that time.*
En aquella ocasión ~ *On that occasion.*
En aquellos tiempos ~ *In those days.*
En ausencia de alguien ~ *In someone's absence.*
En autobús ~ *By bus.*
En avión ~ *By air / By plane.*
En ayuda de alguien ~ *To someone's assistance / To the
     assistance of someone.*
En ayunas ~ *Without breakfast.*
En balde ~ *In vain / To no purpose.*
En barco ~ *By ship.*
En beneficio de ~ *For the benefit of.*
En bicicleta ~ *On a bicycle / By bicycle.*
En blanco y negro ~ *In black and white.*
En brazos ~ *In arms.*
En breve ~ *In a short time / Shortly.*
En broma ~ *For a joke / For fun.*
En buen estado ~ *In good condition.*
En buen estado de salud ~ *In good health.*
En buen uso ~ *In good condition.*
En buena lid ~ *By fair means.*
En buenas manos ~ *In good hands.*
En burro ~ *On a donkey.*
En busca de ~ *In search of.*
En busca de oro ~ *In search of gold.*
En cama ~ *In bed.*
En cambio ~ *On the other hand.*
En camino ~ *On the way.*
En camisa ~ *Wearing a shirt.*
En casa ~ *At home.*

En casa del médico ~ *At the doctor's*.
En caso ~ *In case*.
En caso de apuro ~ *In an emergency / In case of emergency*.
En caso de duda ~ *When in doubt*.
En caso de guerra ~ *In the event of war*.
En caso de incendio ~ *In case of fire*.
En caso de necesidad ~ *In case of need*.
En caso de que sea necesario ~ *If necessary*.
En caso extremo ~ *As a last resort*.
En cautividad ~ *In captivity*.
En cierta ocasión ~ *On a certain occasion*.
En ciertas condiciones ~ *In certain conditions*.
En cierto modo ~ *In a way*.
En ciertos casos ~ *In certain cases*.
En circunstancias determinadas ~ *Under certain
     circumstances*.
En clase ~ *In class*.
En coche ~ *By car*.
En coma ~ *In a coma*.
En comparación ~ *In comparison*.
En comparación con ~ *In comparison with*.
En compensación ~ *In return*.
En común ~ *In common*.
En conclusión ~ *In conclusion*.
En conexión con ~ *In connection with*.
En confusión ~ *In confusion*.
En conjunto ~ *As a whole / On the whole / Altogether*.
En consecuencia ~ *Consequently*.
En contestación a ~ *In answer to / In reply to*.
En contra de la voluntad de uno ~ *Against one's will*.
En contra de mis deseos ~ *Against my wishes*.
En cosa de 20 minutos ~ *In about 20 minutes / In 20 minutes
     or so*.
En cualquier caso ~ *In any case*.
En cualquier momento ~ *At any time / At any moment*.
En cualquier momento del día o de la noche ~ *At any time of
     day or night*.

En cualquier otra parte ~ *Anywhere else.*
En cualquier parte del mundo ~ *Anywhere in the world.*
En cualquier sitio ~ *Anywhere.*
En cualquiera de los dos casos ~ *In either case.*
En cuanto a él ~ *As for him.*
En cuanto a eso ~ *With regard to that / Concerning that.*
En cuanto venga ~ *As soon as he comes.*
En cubierta ~ *On deck.*
En cueros ~ *Stark naked.*
En cuestión de minutos ~ *In just a few minutes.*
En cuestión de unas horas ~ *In just a few hours.*
En cuyo caso ~ *In which case.*
En defensa de ~ *In defence of.*
En defensa propia ~ *In self-defence.*
En desorden ~ *In disorder.*
En desuso ~ *In disuse.*
En detalle ~ *In detail.*
En días alternos ~ *Every other day.*
En dificultades ~ *In difficulties.*
En dirección a ~ *In the direction of.*
En dirección contraria ~ *In the opposite direction.*
En directo desde (un programa) ~ *Live from.*
En efectivo (dinero) ~ *Cash.*
En efecto ~ *In fact / In effect.*
En el acto ~ *At once / On the spot / Immediately.*
En el aire (incierto) ~ *In the air.*
En el aire (transmitiendo) ~ *On the air.*
En el andén (el tren) ~ *At the platform.*
En el andén (los viajeros) ~ *On the platform.*
En el ángulo inferior derecho ~ *In the lower right-hand corner.*
En el ángulo inferior izquierdo ~ *In the lower left-hand corner.*
En el ángulo superior derecho ~ *In the upper right-hand corner.*
En el ángulo superior izquierdo ~ *In the upper left-hand corner.*

En el anzuelo (un pez) ~ *On the hook.*
En el árbol (hojas, fruta) ~ *On the tree.*
En el árbol (un pájaro) ~ *In the tree.*
En el asiento de atrás (un objeto) ~ *On the back seat.*
En el asiento de atrás (una persona) ~ *In the back seat.*
En el barco ~ *On the ship.*
En el borde ~ *On the edge.*
En el brazo (una pulsera) ~ *On one's arm.*
En el camino a ~ *On the way to.*
En el camino de bajada ~ *On the way down.*
En el camino de la oficina a casa ~ *On the way home from
    the office.*
En el camino de regreso ~ *On the way back.*
En el camino de regreso a Roma ~ *On the way back to Rome.*
En el camino de subida ~ *On the way up.*
En el camino de vuelta ~ *On the way back.*
En el campo ~ *In the country.*
En el campo de la aeronáutica ~ *In the field of aeronautics.*
En el caso de ~ *In the case of / In the event of.*
En el centro de la ciudad ~ *In the centre of the town / In the
    town-centre.*
En el cielo (firmamento) ~ *In the sky.*
En el cielo (paraíso) ~ *In Heaven.*
En el cine ~ *At the cinema.*
En el colegio ~ *At school.*
En el corazón de Londres ~ *In the heart of London.*
En el correo de hoy ~ *In today's post.*
En el cruce ~ *At the cross-roads.*
En el cuadro ~ *In the picture.*
En el cuarto piso ~ *On the fourth floor.*
En el curso del año ~ *In the course of the year.*
En el dedo (un anillo) ~ *On one's finger.*
En el dibujo ~ *In the drawing.*
En el encerado ~ *On the blackboard.*
En el escaparate ~ *In the window / In the shop window.*
En el espejo ~ *In the mirror.*
En el estante ~ *On the shelf.*

En el extranjero ~ *Abroad.*
En el fondo de un cuadro ~ *In the background of a picture.*
En el fondo de la maleta ~ *At the bottom of the case.*
En el fondo del vaso ~ *In the bottom of the glass.*
En el futuro ~ *In future.*
En el horizonte ~ *On the horizon.*
En el invierno ~ *In winter / In the winter / In wintertime.*
En el lado derecho ~ *On the right side.*
En el lado izquierdo ~ *On the left side.*
En el local ~ *On the premises.*
En el mar (bañándose) ~ *In the sea.*
En el mar (navegando) ~ *At sea / On the sea.*
En el mejor de los casos ~ *At best.*
En el mismo lugar ~ *On the spot.*
En el mismo orden ~ *In the same order.*
En el momento actual ~ *At present.*
En el momento de su llegada ~ *At the moment of his arrival /
    Just as he arrived.*
En el momento menos pensado ~ *When least expected.*
En el momento preciso ~ *At the right moment.*
En el momento presente ~ *At the present time.*
En el pasado ~ *In the past.*
En el pelo (una flor) ~ *In one's hair.*
En el peor de los casos ~ *At worst.*
En el piso (suelo) ~ *On the floor.*
En el piso bajo ~ *On the ground floor.*
En el plato ~ *On the plate.*
En el poder ~ *In power.*
En el presente ~ *At present.*
En el primer intento ~ *At the first attempt.*
En el primer piso ~ *On the first floor.*
En el quinto pino ~ *In the back of beyond / In the middle of
    nowhere.*
En el rincón ~ *In the corner.*
En el sitio ~ *On the spot.*
En el supuesto que ~ *On the assumption that / Supposing
    that.*

En el teatro ~ *At the theatre.*
En el techo (una mosca) ~ *On the ceiling.*
En el trabajo ~ *At work.*
En el tren ~ *On the train.*
En el último instante ~ *At the last minute.*
En el último momento ~ *At the last moment.*
En el último piso ~ *On the top floor.*
En el umbral ~ *On the threshold.*
En el verano ~ *In summer.*
En el verano de 1995 ~ *In the summer of 1995.*
En el vestido (un broche) ~ *On the dress.*
En el viaje ~ *On the journey.*
En el viaje hacia casa ~ *On the journey home.*
En el zoo (de visita) ~ *At the zoo.*
En el zoo (un animal) ~ *In the zoo.*
En enero ~ *In January.*
En épocas pasadas ~ *In the past / In times past / In ages past.*
En esa dirección ~ *In that direction.*
En ese caso ~ *In that case.*
En ese momento ~ *At that moment.*
En esta dirección ~ *In this direction.*
En esta época ~ *At this time.*
En esta época del año ~ *At this time of year.*
En esta ocasión ~ *On this occasion.*
En esta página ~ *On this page.*
En esta parte del país ~ *In this part of the country.*
En estado natural ~ *In its natural state.*
En estas circunstancias ~ *Under these circumstances.*
En este caso ~ *In this case.*
En este caso concreto ~ *In this particular case.*
En este cuadro ~ *In this picture.*
En este instante ~ *Just now / Right now.*
En este mismo momento ~ *This very moment.*
En este momento ~ *At this moment.*
En este preciso momento ~ *At this precise moment.*
En este punto ~ *At this point.*
En estos tiempos ~ *In these times.*

En estos últimos años ~ *In recent years.*
En exposición ~ *On display / On show.*
En febrero ~ *In February.*
En fecha próxima ~ *At an early date.*
En fila de a uno ~ *In single file.*
En fila india ~ *In single file / In Indian file.*
En fin ~ *Anyway / Anyhow.*
En flor (flores) ~ *In flower / In bloom.*
En flor (frutales) ~ *In blossom.*
En forma de ~ *In the shape of.*
En forma de libro ~ *In book form.*
En funcionamiento ~ *In running order / In working order.*
En general ~ *In general.*
En gran escala ~ *On a large scale.*
En gran manera ~ *To a large extent / To a great extent.*
En guerra ~ *At war.*
En honor de ~ *In honour of.*
En huelga ~ *On strike.*
En igualdad de condiciones ~ *In the same conditions.*
En invierno ~ *In winter / In wintertime.*
En julio ~ *In July.*
En junio ~ *In June.*
En la acera de enfrente ~ *Across the street / On the other side of the road.*
En la actualidad ~ *At present / At the present time.*
En la bandeja ~ *On the tray.*
En la boda ~ *At the wedding.*
En la cabeza (un sombrero) ~ *On one's head.*
En la cabeza (una idea) ~ *In one's head / In one's mind.*
En la calle ~ *In the street.*
En la cárcel ~ *In jail / In prison.*
En la carretera ~ *On the road.*
En la cena ~ *At dinner.*
En la conciencia de uno ~ *On one's conscience.*
En la costa ~ *At the seaside / At the coast.*
En la creencia de que ~ *In the belief that / Thinking that.*
En la distancia ~ *In the distance.*

En la entrada ~ *At the entrance.*
En la época de ~ *At the time of.*
En la escuela ~ *At school.*
En la esquina ~ *On the corner / At the corner.*
En la esquina inferior derecha ~ *In the bottom right-hand corner.*
En la esquina inferior izquierda ~ *In the bottom left-hand corner.*
En la esquina superior derecha ~ *In the top right-hand corner.*
En la esquina superior izquierda ~ *In the top left-hand corner.*
En la estación ~ *At the station.*
En la feria ~ *At the fair.*
En la fiesta ~ *At the party.*
En la flor de la vida ~ *In the prime of life.*
En la foto ~ *In the photo.*
En la frontera (una ciudad) ~ *On the border.*
En la habitación de al lado ~ *In the next room.*
En la intimidad ~ *In private.*
En la lista ~ *On the list.*
En la mano ~ *In one's hand.*
En la mayoría de los casos ~ *In most cases.*
En la medida de lo posible ~ *As far as possible.*
En la medida de mis fuerzas ~ *As far as I can.*
En la muñeca (un reloj) ~ *On one's wrist.*
En la opinión de ~ *In the opinion of.*
En la oscuridad ~ *In the dark.*
En la otra página ~ *On the other page.*
En la página cuatro ~ *On page four.*
En la página siguiente ~ *On the following page / On the next page.*
En la pantalla ~ *On the screen.*
En la parada del autobús ~ *At the bus-stop.*
En la pared (un agujero) ~ *In the wall*
En la pared (un cuadro) ~ *On the wall.*
En la parte anterior de la casa ~ *At the front of the house.*

En la parte de abajo (de un cuadro) ~ *At the bottom.*
En la parte de arriba (de un cuadro) ~ *At the top.*
En la parte derecha ~ *On the right side / On the right-hand side.*
En la parte inferior de la página ~ *At the bottom of the page.*
En la parte izquierda ~ *On the left side / On the left-hand side.*
En la parte posterior de la casa ~ *At the back of the house.*
En la parte superior de la página ~ *At the top of the page.*
En la percha (una chaqueta) ~ *On the peg / On the (clothes) hanger.*
En la pierna (un dolor) ~ *In one's leg.*
En la planta baja ~ *On the ground floor.*
En la playa ~ *On the beach.*
En la práctica ~ *In practice.*
En la primera ocasión ~ *At the first opportunity.*
En la punta de la lengua ~ *On the tip of one's tongue.*
En la retaguardia ~ *At the rear.*
En la reunión ~ *At the meeting.*
En las afueras de la ciudad ~ *On the outskirts of the town.*
En las carreras ~ *At the races.*
En las montañas ~ *(Up) in the mountains.*
En las últimas (moribundo) ~ *At death's door.*
En las últimas (sin dinero) ~ *Down to one's last penny.*
En las últimas semanas ~ *In the past weeks / Over the past few weeks.*
En lenguaje sencillo ~ *In plain language.*
En letras mayúsculas ~ *In capital letters.*
En letras minúsculas ~ *In small letters.*
En libertad (por escaparse) ~ *At large.*
En libertad (suelto) ~ *At liberty.*
En línea recta ~ *In a straight line.*
En líneas generales ~ *Roughly speaking.*
En llamas ~ *On fire.*
En lo alto de (en la parte superior) ~ *At the top of.*
En lo alto de (encima) ~ *On the top of.*
En lo que a él respecta ~ *As far as he's concerned.*

En lo relativo a ~ *With regard to.*
En lo tocante a ~ *As for / With reference to.*
En los fines de semana ~ *At weekends.*
En los labios (una sonrisa) ~ *On one's lips.*
En los ratos libres ~ *During one's spare time.*
En los ratos perdidos ~ *At odd moments.*
En los últimos años ~ *In recent years / Over the last few years.*
En lugar de ~ *Instead of.*
En lugar de eso ~ *Instead.*
En mangas de camisa ~ *In shirt-sleeves.*
En manos de ~ *In the hands of.*
En marzo ~ *In March.*
En mayo ~ *In May.*
En medio ~ *In the middle.*
En medio de ~ *In the middle of.*
En memoria de ~ *In memory of.*
En menor grado ~ *To a lesser extent.*
En menos de dos semanas ~ *In less than a fortnight / In less than a fortnight's time.*
En menos de nada ~ *In no time at all.*
En metálico ~ *(In) cash.*
En metro ~ *By underground.*
En mi caso ~ *In my (own) case.*
En mi honor ~ *In my honour.*
En mi juventud ~ *In my young days / In my youth / When I was young.*
En mi opinión ~ *In my opinion.*
En mi presencia ~ *In my presence.*
En mi tiempo ~ *In my time / In my day.*
En mi tiempo libre ~ *In my spare time / In my free time.*
En mis tiempos ~ *In my day.*
En misa ~ *At mass.*
En modo alguno ~ *By no means.*
En momentos de ocio ~ *In one's leisure time.*
En movimiento ~ *In motion / Moving.*
En muchos aspectos ~ *In many aspects / In many ways.*

En muchos casos ~ *In many cases.*
En muy poco tiempo ~ *In no time at all / In a very short time.*
En nada de tiempo ~ *In no time at all.*
En Navidad ~ *At Christmas.*
En ningún otro sitio ~ *Nowhere else.*
En no menos de dos horas ~ *In no less than two hours.*
En nombre de ~ *In the name of.*
En noviembre ~ *In November.*
En números redondos ~ *In round numbers / In round figures.*
En ocasiones ~ *At times.*
En ocasiones anteriores ~ *On previous occasions.*
En octubre ~ *In October.*
En orden ~ *In order.*
En orden alfabético ~ *In alphabetical order.*
En origen ~ *In origin.*
En otoño ~ *In autumn.*
En otra ocasión ~ *Some other time.*
En otra parte ~ *Somewhere else.*
En otras palabras ~ *In other words.*
En otro sitio ~ *Somewhere else.*
En otro tiempo ~ *In former times / In times gone by.*
En otros tiempos ~ *In former times / In times gone by.*
En paños menores ~ *In one's underclothes.*
En parte ~ *In part.*
En particular ~ *In particular.*
En paz ~ *At peace.*
En peligro ~ *In danger.*
En peligro de caerse ~ *In danger of falling.*
En pequeña escala ~ *On a small scale.*
En perfecto funcionamiento ~ *In good working order.*
En persecución de ~ *In pursuit of.*
En persona ~ *In person.*
En pleno centro ~ *Right in the middle / Right in the centre.*
En pleno día ~ *In broad daylight / In full daylight.*
En pleno verano ~ *At the height of summer.*
En pocas palabras ~ *In brief / In a nutshell.*
En poco tiempo ~ *In a short time.*

En posesión de una fortuna ~ *In the possession of a fortune.*
En presencia de ~ *In the presence of.*
En primavera ~ *In spring.*
En primer lugar ~ *In the first place.*
En primer plano (de un cuadro) ~ *In the foreground.*
En principio ~ *In principle.*
En prisión ~ *In prison.*
En privado ~ *In private.*
En pro de ~ *In favour of.*
En proporción con ~ *In proportion to.*
En prosa ~ *In prose.*
En provecho de ~ *To the advantage of.*
En prueba de ~ *As proof of.*
En público ~ *In public.*
En punto ~ *Sharp.*
En realidad ~ *In fact.*
En reparación ~ *Under repair.*
En reposo ~ *At rest.*
En respuesta a ~ *In answer to / In reply to.*
En respuesta a su carta ~ *In reply to your letter.*
En resumen ~ *In short.*
En resumidas cuentas ~ *In short / In a word.*
En ruinas ~ *In ruins.*
En secreto ~ *In secret.*
En seguida ~ *At once / Right away / Straight away.*
En segundo lugar (en deportes) ~ *In second place.*
En segundo lugar (en la conversación) ~ *Secondly.*
En segundo plano (de un cuadro) ~ *In the background.*
En sentido general ~ *In a general sense.*
En serio ~ *In earnest / Seriously.*
En silencio ~ *In silence.*
En su lugar ~ *Instead.*
En su mejor momento ~ *At its best.*
En su peor momento ~ *At its worst.*
En su totalidad ~ *In full / As a whole.*
En sueños ~ *In (one's) dreams.*
En suma ~ *In short.*

En tal caso ~ *In such a case.*
En tal ocasión ~ *On such an occasion.*
En tales condiciones ~ *In such conditions.*
En tanto ~ *In the meantime / Meanwhile.*
En términos generales ~ *Generally speaking / In general terms.*
En tiempo de guerra ~ *In time of war / In wartime.*
En tiempo de paz ~ *In time of peace / In peacetime.*
En todas direcciones ~ *In all directions.*
En todas partes ~ *Everywhere.*
En todo caso ~ *In any case / Anyway.*
En todo lo alto ~ *Right at the top.*
En todo momento ~ *All the time.*
En todo su esplendor ~ *In all its splendour.*
En todos los aspectos ~ *In every way.*
En todos los sitios ~ *Everywhere.*
En total ~ *In all.*
En tren ~ *By train.*
En tres semanas ~ *In three weeks' time.*
En último caso ~ *As a last resort.*
En un abrir y cerrar de ojos ~ *In the twinkling of an eye / In a wink.*
En un dos por tres ~ *In a flash / In a jiffy.*
En un futuro no muy lejano ~ *In the not-too-distant future.*
En un futuro próximo ~ *In the near future.*
En un instante ~ *In a flash / In an instant.*
En un momento ~ *In a moment.*
En un momento dado ~ *At a given moment.*
En un momento de olvido ~ *In a moment's forgetfulness.*
En un montón ~ *In a heap.*
En un principio ~ *In the beginning / At first / To start with.*
En un segundo ~ *In a second.*
En un tiempo dado ~ *In a set time.*
En un tiempo remoto ~ *A long time ago.*
En una bandeja ~ *On a tray.*
En una hora ~ *In an hour's time.*
En una ocasión ~ *On one occasion.*

En una palabra ~ *In a word / In short.*
En una rama (un mono) ~ *On a branch.*
En una semana ~ *In a week's time / A week from now.*
En una sola noche ~ *In a single night.*
En una u otra parte ~ *Somewhere or other.*
En unos minutos ~ *In a few minutes.*
En uso ~ *In use.*
En vano ~ *In vain / To no purpose.*
En venganza por ~ *In revenge for / In vengeance for.*
En venta ~ *On sale / For sale.*
En verano ~ *In summer.*
En verso ~ *In verse.*
En vez de ~ *Instead of.*
En vez de eso ~ *Instead of that.*
En vigor ~ *In force.*
En vista de ~ *In view of.*
En voz alta ~ *In a loud voice / Aloud / Out loud.*
En voz baja ~ *In a low voice / Quietly.*
Enamorado de alguien ~ *In love with someone.*
Enamorarse de alguien ~ *To fall in love with someone.*
Encantarle a uno hacer algo ~ *To love to do something / To love doing something.*
Encararse con alguien ~ *To face up to someone.*
Encargarse de algo ~ *To take charge of something.*
Encargarse de hacer algo ~ *To be responsible for doing something.*
Encender el fuego ~ *To light the fire.*
Encender el gas ~ *To light the gas.*
Encender la luz ~ *To switch on the light.*
Encender la radio ~ *To turn on the radio.*
Encender un cigarrillo ~ *To light a cigarette.*
Encender una cerilla ~ *To light a match / To strike a match.*
Encender una pipa ~ *To light a pipe.*
Encerrar a alguien ~ *To shut someone up / To lock someone in.*
Encerrar a un pájaro en una jaula ~ *To shut a bird up in a cage / To shut a bird in a cage.*

Encerrarse con llave ~ *To lock oneself in.*
Encima de ~ *On (the) top of.*
Encogerse de hombros ~ *To shrug one's shoulders.*
Encontrar a alguien (por casualidad) ~ *To run into someone.*
Encontrar a alguien (que se busca) ~ *To find someone.*
Encontrar algo ~ *To find something.*
Encontrar algo por casualidad ~ *To come across something.*
Encontrar defectos a alguien ~ *To find fault with someone.*
Encontrar dificultad en hacer algo ~ *To find difficulty in doing something.*
Encontrar el camino ~ *To find one's way.*
Encontrar la oportunidad de hacer algo ~ *To find an opportunity to do something / To find an opportunity of doing something.*
Encontrar petróleo ~ *To strike oil.*
Encontrar trabajo ~ *To find work.*
Encontrar una solución ~ *To come up with a solution / To find a solution.*
Encontrarse a gusto ~ *To feel comfortable.*
Encontrarse algo ~ *To come across something.*
Encontrarse con alguien ~ *To meet someone.*
Encontrarse con alguien de casualidad ~ *To meet someone by chance / To bump into someone.*
Encontrarse con alguien en la calle ~ *To meet someone in the street.*
Encontrarse con ganas de hacer algo ~ *To feel like doing something.*
Encontrarse en un apuro ~ *To be in a fix / To find oneself in trouble.*
Encontrarse en un lugar ~ *To find oneself in a place.*
Encontrarse enfermo ~ *To feel ill.*
Encontrarse mejor ~ *To feel better.*
Encontrarse peor ~ *To feel worse.*
Encontrarse solo ~ *To feel lonely.*
Enfadado con alguien ~ *Angry with someone / Annoyed with someone.*

Enfadado por algo ~ *Angry at something / Annoyed about something.*

Enfadado por lo que ha hecho alguien ~ *Angry at what someone has done.*

Enfadar a alguien ~ *To make someone angry.*

Enfadarse al oír algo ~ *To get angry at hearing something.*

Enfadarse con alguien ~ *To get angry with someone.*

Enfadarse por algo ~ *To get angry about something.*

Enfadarse por algo que alguien ha hecho ~ *To get angry at what someone has done.*

Enfadarse por nada ~ *To get angry for no reason.*

Enfadarse uno con otro ~ *To get angry with each other.*

Enfermar por exceso de trabajo ~ *To work oneself sick / To fall ill through overwork.*

Enfermo con fiebre ~ *Down with fever.*

Enfrentarse con alguien ~ *To face up to someone.*

Enfrentarse con un problema ~ *To be faced with a problem.*

Enfrente a la costa ~ *Off the coast.*

Enfrente del banco ~ *Opposite the bank.*

Engañar a alguien ~ *To take someone in.*

Enhebrar una aguja ~ *To thread a needle.*

Enjuagarse la boca ~ *To rinse one's mouth out.*

Enojarse con alguien ~ *To become angry with someone.*

Enojarse por algo ~ *To become angry about something.*

Enorgullecerse de algo ~ *To take a pride in something / To pride oneself on something / To be proud of something.*

Enorgullecerse de hacer algo ~ *To take a pride in doing something.*

Enrollar algo ~ *To roll something up.*

Ensanchar algo ~ *To make something wider.*

Enseñar a alguien a hacer algo ~ *To teach someone (how) to do something.*

Enseñar algo a alguien ~ *To show someone something / To show something to someone.*

Enseñar Madrid a alguien ~ *To show someone round Madrid.*

Ensuciar algo ~ *To get something dirty / To make something dirty / To dirty something.*

Ensuciarse las manos ~ *To get one's hands dirty.*
Entablar amistad con alguien ~ *To strike up a friendship with someone.*
Entablar conversación con alguien ~ *To begin a conversation with someone / To get into conversation with someone.*
Entablar negociaciones con ~ *To open negotiations with.*
Entender algo ~ *To make something out / To understand something.*
Entender de algo ~ *To be an expert in something / To know (a lot) about something.*
Entender el significado de algo ~ *To make out the meaning of something / To understand what something means.*
Enterado de lo que ocurre ~ *Aware of what is happening.*
Enterarse de algo ~ *To learn of something / To find out about something.*
Entrado en años ~ *Of advanced age / Getting on in years.*
Entrar andando ~ *To walk in.*
Entrar corriendo ~ *To run in.*
Entrar el primero (en una carrera) ~ *To come in first / To come first / To be first.*
Entrar en combate ~ *To go into battle.*
Entrar en contacto con alguien (con intención) ~ *To get in touch with someone.*
Entrar en contacto con alguien (por casualidad) ~ *To come into contact with someone.*
Entrar en detalles ~ *To go into details.*
Entrar en el ejército ~ *To join the army.*
Entrar en la guerra ~ *To enter the war / To join the war.*
Entrar en servicio (una carretera) ~ *To come into use.*
Entrar en un lugar ~ *To go into a place / To come into a place / To enter a place.*
Entrar en una habitación ~ *To go into a room / To come into a room / To enter a room.*
Entrar en vigor ~ *To come into force.*
Entrar por una ventana ~ *To get in through a window.*
Entrarle miedo a uno ~ *To become frightened / To get scared.*
Entrarle sueño a uno ~ *To grow sleepy.*

Entre dos luces ~ *At twilight*.
Entre la vida y la muerte ~ *At death's door*.
Entre los arbustos ~ *Among the bushes*.
Entre nosotros ~ *Between ourselves / Between you and me*.
Entre nosotros tres ~ *Between we three / Between the three of us*.
Entre otras cosas ~ *Among other things*.
Entre paréntesis ~ *In brackets / In parenthesis*.
Entre rejas ~ *Behind bars*.
Entre sueños ~ *(While) half-asleep*.
Entre tres y cuatro horas ~ *Between three and four hours*.
Entre tú y yo ~ *Between you and me / Between the two of us*.
Entre unas cosas y otras ~ *What with one thing and another*.
Entregar algo a alguien en mano ~ *To hand someone something / To hand something to someone*.
Entretanto ~ *In the meantime / Meanwhile*.
Entretenerse con un libro ~ *To amuse oneself with a book*.
Entretenido con algo ~ *Amused with something*.
Enviar a alguien a hacer algo ~ *To send someone to do something*.
Enviar algo a alguien ~ *To send someone something / To send something to someone*.
Enviar algo contra reembolso ~ *To send something cash on delivery*.
Enviar algo en mano ~ *To send something by hand*.
Enviar un recado ~ *To send a message*.
Envidiar a alguien ~ *To envy someone*.
Envío contra reembolso ~ *Cash on delivery*.
Envolver algo ~ *To wrap something up*.
Envuelto en un periódico ~ *Wrapped up in a newspaper*.
Equivale a ~ *It is equivalent to / It is equal to*.
Equivocarse de carretera ~ *To take the wrong road*.
Equivocarse de libro ~ *To take the wrong book*.
Equivocarse en las cuentas ~ *To be out in one's reckoning*.
Equivocarse en una cuenta ~ *To get a sum wrong*.
Erase una vez ~ *Once upon a time*.
Errar el tiro ~ *To miss one's aim / To miss the mark*.

Es cierto que ~ *It's true that.*
Es cosa de nunca acabar ~ *There's no end to it.*
Es cosa de un par de horas ~ *It'll take a couple of hours / It's a matter of a couple of hours.*
Es cosa fácil ~ *It's easy.*
Es de día ~ *It is daylight.*
Es de noche ~ *It is nighttime / It is dark.*
Es decir ~ *That is to say.*
Es exactamente igual ~ *It's just the same.*
Es hora de marcharse ~ *It's time to go.*
Es innegable ~ *It can't be denied.*
Es lógico ~ *It stands to reason.*
Es pan comido ~ *It's a piece of cake.*
Es todo uno ~ *It's all one and the same / It's all the same.*
Es un decir ~ *It's a (mere) saying.*
Es una cuestión de vida o muerte ~ *It is a matter of life or death.*
Es una vergüenza ~ *It's a disgrace / It's disgraceful / It's shameful.*
Esa clase de cosa ~ *That sort of thing.*
Escapar de la prisión ~ *To escape from prison.*
Escaparse de un lugar ~ *To escape from somewhere.*
Escaparse por poco ~ *To have a narrow escape.*
Escarmentar a alguien ~ *To teach someone a lesson.*
Escoger manzanas ~ *To pick out apples.*
Esconder algo para que alguien no lo encuentre ~ *To hide something from someone.*
Esconderse de alguien ~ *To hide from someone.*
Escribir a alguien ~ *To write to someone.*
Escribir a alguien por su cumpleaños ~ *To write to someone on their birthday.*
Escribir a casa ~ *To write home.*
Escribir a lápiz ~ *To write in pencil.*
Escribir a tinta ~ *To write in ink.*
Escribir al margen ~ *To write in the margin.*
Escribir algo con detalle ~ *To write something out in full detail.*

Escribir con mayúsculas ~ *To write in capital letters.*

Escribir con mucho cuidado ~ *To write very carefully.*

Escribir con tiza ~ *To write with chalk.*

Escribir dos letras a alguien ~ *To drop someone a line.*

Escribir en cifras (un número) ~ *To write in figures.*

Escribir mal una palabra ~ *To spell a word wrong.*

Escribir números en letra ~ *To write numbers in words.*

Escribir pidiendo algo ~ *To write off for something / To write away for something.*

Escribir sobre algo ~ *To write about something / To write on something.*

Escribir un telegrama ~ *To write a telegram.*

Escribir una carta a alguien ~ *To write a letter to someone / To write someone a letter.*

Escribir una carta a casa ~ *To write a letter home.*

Escribir una carta a máquina ~ *To type a letter.*

Escribir una carta deprisa y corriendo ~ *To dash off a letter.*

Escribir una composición sobre algo ~ *To write an essay on something / To write a composition about something.*

Escribir unas letras a alguien ~ *To drop someone a line / To write a few lines to someone.*

Escrito a lápiz ~ *Written in pencil.*

Escrito a mano ~ *Handwritten.*

Escrito a tinta ~ *Written in ink.*

Escrito con todas las letras ~ *Written in full.*

Escrito de su puño y letra ~ *Written in his own handwriting.*

Escrito en prosa ~ *Written in prose.*

Escrito en verso ~ *Written in verse.*

Escuchar a alguien ~ *To listen to someone.*

Escuchar algo ~ *To listen to something.*

Escuchar la radio ~ *To listen to the radio.*

Escuchar las noticias por la radio ~ *To listen to the news on the radio.*

Escuchar una obra de teatro por la radio ~ *To listen to a play on the radio.*

Esforzarse en hacer algo ~ *To strive to do something / To try hard to do something.*

Esmerarse en hacer algo ~ *To take pains in doing something.*
Esmerarse uno en su trabajo ~ *To take pains over one's work.*
Eso cae por su propio peso ~ *That goes without saying.*
Eso corre de mi cuenta ~ *I'll see to this.*
Eso es bastante por el momento ~ *That's enough for the time being / That'll do for now.*
Eso es evidente ~ *That goes without saying.*
Eso es otra cosa ~ *That's another matter / That's a different thing altogether.*
Eso es todo ~ *That's all.*
Eso no importa ~ *That's of no importance / That doesn't matter.*
Especializarse en algo ~ *To specialise in something.*
Esperando algo terrible ~ *Expecting something terrible / Awaiting something terrible.*
Esperar a alguien ~ *To wait for someone.*
Esperar a pesar de haber pocas esperanzas ~ *To hope against hope.*
Esperar a que pare la lluvia ~ *To wait for the rain to stop.*
Esperar al acecho ~ *To lie in wait.*
Esperar algo ~ *To wait for something.*
Esperar algo con ilusión ~ *To look forward to something / To be looking forward to something.*
Esperar algo de alguien ~ *To expect something from someone / To expect something of someone.*
Esperar el autobús en la cola ~ *To queue up for the bus.*
Esperar en la esquina de la calle ~ *To wait on the street corner / To wait on the corner of the street.*
Esperar en la parada del autobús ~ *To wait at the bus-stop.*
Esperar hacer algo ~ *To hope to do something.*
Esperar la ocasión propicia ~ *To wait for the right moment.*
Esperar la vez (en una cola) ~ *To wait one's turn.*
Esperar lo mejor ~ *To hope for the best.*
Esperar media hora ~ *To wait for half an hour.*
Esperar mucho tiempo ~ *To wait for a long time.*
Esperar que alguien haga algo ~ *To expect someone to do something.*

Esperar que le atiendan a uno ~ *To wait to be served.*
Esperar su turno (en una cola) ~ *To wait one's turn.*
Esperar tener éxito ~ *To hope for success.*
Esperar tiempos mejores ~ *To hope for better times.*
Esperar un momento ~ *To wait a moment.*
Esperar un niño ~ *To be expecting a baby.*
Esperar una carta ~ *To expect a letter.*
Esperar una hora ~ *To wait for an hour.*
Esperar una oportunidad ~ *To wait for a chance.*
Esta noche ~ *Tonight.*
Está oscuro ~ *It's dark.*
Esta tarde a primera hora ~ *Early this afternoon / First thing this afternoon.*
Esta vez nada más ~ *Just this once.*
Esta vez no ~ *Not this time.*
Establecer contacto con alguien ~ *To get in touch with someone.*
Establecer un récord ~ *To set (up) a record.*
Establecerse como fontanero ~ *To set oneself up as a plumber.*
Estar a cargo de algo ~ *To be in charge of something.*
Estar a cuatro patas ~ *To be on one's hands and knees.*
Estar a dieta ~ *To be on a diet.*
Estar a disgusto ~ *To be ill at ease.*
Estar a favor de algo ~ *To be for something.*
Estar a favor de hacer algo ~ *To be in favour of doing something.*
Estar a gusto ~ *To be at ease / To feel comfortable.*
Estar a la defensiva ~ *To be on the defensive.*
Estar a la derecha ~ *To be on the right.*
Estar a la izquierda ~ *To be on the left.*
Estar a la moda ~ *To be in / To be fashionable.*
Estar a la venta ~ *To be on sale.*
Estar a la ventana ~ *To be at the window.*
Estar a la vista ~ *To be in sight / To be in view.*
Estar a las órdenes de alguien ~ *To be under someone's orders.*

Estar a mal con alguien ~ *To be on bad terms with someone.*
Estar a malas ~ *To be on bad terms.*
Estar a mano ~ *To be at hand.*
Estar a pan y agua ~ *To be on bread and water.*
Estar a prueba ~ *To be on trial.*
Estar a punto de hacer algo ~ *To be about to do something /
     To be on the point of doing something.*
Estar a punto de partir ~ *To be about to start out / To be on
     the point of leaving.*
Estar a ras de ~ *To be flush with.*
Estar a salvo ~ *To be safe.*
Estar a sus anchas ~ *To be at ease.*
Estar abajo (en una casa) ~ *To be downstairs.*
Estar abatido ~ *To be downcast.*
Estar absorto en el trabajo ~ *To be absorbed in one's work.*
Estar aburrido de algo ~ *To be weary of something / To be
     bored with something.*
Estar acatarrado ~ *To have a cold.*
Estar acostado ~ *To be lying down.*
Estar acostumbrado a algo ~ *To be used to something / To be
     accustomed to something.*
Estar acostumbrado a hacer algo ~ *To be used to doing
     something.*
Estar afónico ~ *To have lost one's voice.*
Estar agobiado de trabajo ~ *To be up to one's eyes in work /
     To be swamped with work.*
Estar agotado (un libro) ~ *To be out of print.*
Estar agotado de cansancio ~ *To be tired out / To be dog-
     tired.*
Estar agradecido por ~ *To be grateful for.*
Estar al acecho ~ *To be on the watch / To lie in wait.*
Estar al borde de la ruina ~ *To be on the brink of ruin.*
Estar al corriente (en las noticias) ~ *To keep up with the
     times.*
Estar al corriente (en un pago) ~ *To be up-to-date.*
Estar al día ~ *To be up-to-date.*
Estar al lado de alguien ~ *To be at someone's side.*

Estar al llegar ~ *To be about to arrive.*
Estar al mando de ~ *To be in command of.*
Estar al revés (la parte de atrás, delante) ~ *To be back to front.*
Estar al revés (lo de dentro, fuera) ~ *To be inside out.*
Estar al tanto ~ *To be fully informed.*
Estar al teléfono ~ *To be on the telephone.*
Estar alarmado por algo ~ *To be alarmed at something.*
Estar alerta ~ *To be on the alert.*
Estar alineados ~ *To be in alignment.*
Estar apagada (la luz) ~ *To be off.*
Estar apoyado ~ *To be leaning.*
Estar apurado de dinero ~ *To be hard up / To be strapped for cash.*
Estar arriba (en una casa) ~ *To be upstairs.*
Estar arrodillado ~ *To be kneeling / To be on one's knees.*
Estar arruinado (sin dinero) ~ *To be ruined.*
Estar asomado a la ventana ~ *To be at the window.*
Estar asombrado por algo ~ *To be astonished at something.*
Estar asustado ~ *To be frightened.*
Estar asustado por algo ~ *To be frightened by something.*
Estar atento durante la lección ~ *To be attentive during the lesson.*
Estar ausente ~ *To be away / To be absent.*
Estar ausente de la clase ~ *To be absent from class.*
Estar bajo la influencia de alguien ~ *To be under someone's influence.*
Estar bien de salud ~ *To be in good health.*
Estar borracho ~ *To be drunk.*
Estar bueno (un manjar) ~ *To be good to eat.*
Estar calado hasta los huesos ~ *To be wet through / To be soaked to the skin.*
Estar callado ~ *To be quiet / To be silent.*
Estar cansado de hacer algo ~ *To be tired of doing something.*
Estar casado con alguien ~ *To be married to someone.*

Estar casi decidido a hacer algo ~ *To have a good mind to do something.*

Estar cenando ~ *To be having dinner.*

Estar chiflado ~ *To be off one's head / To be crazy.*

Estar colgado ~ *To be hanging (up).*

Estar completamente despierto ~ *To be wide-awake.*

Estar comprometido con alguien (para casarse) ~ *To be engaged to someone.*

Estar con la gripe ~ *To have flu / To be down with flu.*

Estar con los brazos cruzados (desocupado) ~ *To be idle.*

Estar con permiso ~ *To be on leave.*

Estar confundido ~ *To be mixed up / To be confused.*

Estar contento con algo ~ *To be pleased with something.*

Estar contento de hacer algo ~ *To be pleased to do something.*

Estar contra algo ~ *To be against something.*

Estar contrariado por algo ~ *To be put out by something.*

Estar convaleciente ~ *To be up and about / To be getting over an illness.*

Estar convencido del todo ~ *To be quite convinced.*

Estar de acuerdo con ~ *To be in agreement with.*

Estar de acuerdo con alguien ~ *To agree with someone / To be in agreement with someone.*

Estar de acuerdo con alguien sobre algo ~ *To be in agreement with someone about something.*

Estar de acuerdo con las condiciones de alguien ~ *To agree to someone's conditions.*

Estar de acuerdo con lo que alguien dice ~ *To be in agreement with what someone says.*

Estar de acuerdo con los términos ~ *To agree to the terms.*

Estar de acuerdo con un plan ~ *To agree to a plan.*

Estar de acuerdo en hacer algo ~ *To agree to do something.*

Estar de broma ~ *To be joking.*

Estar de buen humor ~ *To be in a good temper / To be in a good mood.*

Estar de cara a la pared ~ *To be facing the wall.*

Estar de cuerpo presente ~ *To lie in state.*

Estar de guardia ~ *To be on duty.*

Estar de luto ~ *To be in mourning.*

Estar de mal humor ~ *To be in a bad temper / To be in a bad mood.*

Estar de más ~ *To be unnecessary.*

Estar de moda ~ *To be in / To be in fashion.*

Estar de parte de alguien ~ *To be with someone.*

Estar de parto ~ *To be in labour.*

Estar de permiso ~ *To be on leave.*

Estar de pie ~ *To be standing (up) / To be on one's feet.*

Estar de pie junto a la puerta ~ *To be standing at the door.*

Estar de regreso ~ *To be back.*

Estar de rodillas ~ *To be kneeling / To be on one's knees.*

Estar de servicio ~ *To be on duty.*

Estar de vacaciones ~ *To be on holiday.*

Estar de viaje ~ *To be away on a journey.*

Estar de viaje de novios ~ *To be on one's honeymoon.*

Estar de vuelta ~ *To be back.*

Estar decidido a hacer algo ~ *To be determined to do something.*

Estar delicado de salud ~ *To be in delicate health.*

Estar dentro ~ *To be inside / To be in.*

Estar dentro de lo posible ~ *To be within the bounds of possibility.*

Estar desalineado ~ *To be out of alignment.*

Estar descalzo ~ *To be in bare feet.*

Estar descansando ~ *To be having a rest.*

Estar deseando hacer algo ~ *To be looking forward to doing something.*

Estar desentrenado ~ *To be out of practice.*

Estar desesperado ~ *To be in despair / To feel hopeless.*

Estar desganado ~ *To have a bad appetite / To have no appetite.*

Estar desocupado ~ *To be at leisure / To have nothing to do.*

Estar despedido ~ *To be dismissed / To be fired.*

Estar despierto ~ *To be awake.*

Estar disfrazado de ~ *To be disguised as.*

Estar disgustado ~ *To be upset.*
Estar disgustado por algo ~ *To be upset about something.*
Estar dispuesto ~ *To be willing.*
Estar dispuesto a hacer algo ~ *To be willing to do something.*
Estar dormido ~ *To be asleep.*
Estar dotado para la música ~ *To have a gift for music.*
Estar echado ~ *To be lying down.*
Estar echado boca abajo ~ *To be lying on one's face / To be lying face down.*
Estar echado boca arriba ~ *To be lying on one's back.*
Estar en apuros ~ *To be in trouble.*
Estar en ascuas ~ *To be on edge / To be on tenterhooks.*
Estar en auge ~ *To be on the increase.*
Estar en buena posición económica ~ *To be well off / To be comfortably off.*
Estar en buenas manos ~ *To be in good hands.*
Estar en buenas relaciones ~ *To be on good terms.*
Estar en cama enfermo ~ *To be ill in bed.*
Estar en cartel (una obra) ~ *To be on.*
Estar en casa ~ *To be at home.*
Estar en condiciones de hacer algo ~ *To be in a fit state to do something.*
Estar en contacto con alguien ~ *To be in touch with someone.*
Estar en contacto con alguien por teléfono ~ *To be in contact with someone by telephone.*
Estar en contra de algo ~ *To be against something.*
Estar en el extranjero ~ *To be abroad.*
Estar en el hospital ~ *To be in hospital.*
Estar en el secreto ~ *To be in on the secret.*
Estar en el trabajo ~ *To be at work.*
Estar en espera de ~ *To be waiting for / To be expecting.*
Estar en fila ~ *To stand in a line / To stand in a row.*
Estar en gran peligro ~ *To be in great danger.*
Estar en guardia ~ *To be on one's guard.*
Estar en guerra ~ *To be at war.*
Estar en huelga ~ *To be on strike.*

Estar en la cama tumbado ~ *To be lying in bed.*
Estar en la cárcel ~ *To be in prison.*
Estar en la escuela ~ *To be at school.*
Estar en la playa ~ *To be on the beach.*
Estar en las carreras ~ *To be at the races.*
Estar en libertad ~ *To be free.*
Estar en lo cierto ~ *To be right.*
Estar en los huesos ~ *To be all skin and bones.*
Estar en mala posición económica ~ *To be badly off.*
Estar en malas relaciones ~ *To be on bad terms.*
Estar en mangas de camisa ~ *To be in (one's) shirt-sleeves.*
Estar en medio (estorbando) ~ *To be in the way.*
Estar en números rojos ~ *To be in the red.*
Estar en orden ~ *To be in order.*
Estar en peligro ~ *To be in danger.*
Estar en pijama ~ *To be in (one's) pyjamas.*
Estar en posesión de ~ *To be in possession of.*
Estar en su sano juicio ~ *To be in one's right mind.*
Estar en sus cabales ~ *To be in one's right mind.*
Estar en tratamiento médico ~ *To be receiving medical
     treatment.*
Estar en un aprieto ~ *To be in a fix.*
Estar en un apuro ~ *To be in a tight corner / To be in
     trouble.*
Estar en uso ~ *To be in use.*
Estar en vigor ~ *To be in force.*
Estar en zapatillas ~ *To be in (one's) slippers.*
Estar enamorado de alguien ~ *To be in love with someone.*
Estar encantado con algo ~ *To be delighted with something.*
Estar encantado de hacer algo ~ *To be delighted to do
     something.*
Estar encargado de ~ *To be in charge of.*
Estar encendida (la luz) ~ *To be on.*
Estar endeudado ~ *To be in debt.*
Estar enemistado con alguien ~ *To have fallen out with
     someone.*
Estar enemistados ~ *To be at odds.*

Estar enfadado ~ *To be angry.*
Estar enfadado con alguien ~ *To be angry with someone.*
Estar enfadado con alguien por algo ~ *To be angry with someone about something.*
Estar enfadado por algo ~ *To be angry at something / To be angry about something.*
Estar enfermo en cama ~ *To be ill in bed.*
Estar enfermo por trabajar demasiado ~ *To be ill from overwork.*
Estar enfrascado haciendo algo ~ *To be absorbed in what one is doing.*
Estar enterado de algo ~ *To be aware of something.*
Estar enterado de un proyecto ~ *To be in on a plan.*
Estar entusiasmado ~ *To be carried away.*
Estar equipado con ~ *To be equipped with.*
Estar equivocado ~ *To be wrong / To be in the wrong.*
Estar estorbando ~ *To be in the way.*
Estar expuesto (al público) ~ *To be on show.*
Estar extasiado por algo ~ *To be in raptures over something.*
Estar falto de dinero ~ *To be short of money.*
Estar familiarizado con algo ~ *To be familiar with something.*
Estar fuera de casa ~ *To be away from home.*
Estar fuera de la vista ~ *To be out of sight.*
Estar fuera de Madrid ~ *To be away from Madrid.*
Estar fuera de sí ~ *To be beside oneself.*
Estar fuera de vacaciones ~ *To be away on holiday.*
Estar fuera del alcance la vista ~ *To be out of sight.*
Estar fuerte en matemáticas ~ *To be good at mathematics.*
Estar funcionando ~ *To be on / To be working.*
Estar furioso ~ *To be in a rage / To be furious.*
Estar harto de algo ~ *To be sick of something.*
Estar harto de hacer algo ~ *To be sick of doing something.*
Estar harto de hacer la misma cosa ~ *To be sick of (always) doing the same thing.*
Estar hecho una ruina ~ *To be a wreck.*
Estar implicado en ~ *To be involved in.*
Estar indispuesto ~ *To be under the weather / To be unwell.*

Estar interesado en hacer algo ~ *To be interested in doing something.*

Estar intranquilo por algo ~ *To be anxious about something / To be uneasy about something.*

Estar junto al fuego ~ *To be by the fire.*

Estar lejos ~ *To be a long way off / To be far away.*

Estar levantado ~ *To be up / To be on one's feet.*

Estar levantado (después de enfermedad) ~ *To be up and about.*

Estar libre de deudas ~ *To be clear of debt / To be free of debt.*

Estar llorando ~ *To be in tears / To be crying / To be weeping.*

Estar loco ~ *To be mad / To be out of one's mind.*

Estar loco por alguien ~ *To be crazy about someone.*

Estar mal de dinero ~ *To be short of money.*

Estar mal de salud ~ *To be in bad health / To be in poor health.*

Estar mal pagado ~ *To be underpaid / To be badly paid.*

Estar malo ~ *To be ill.*

Estar metido hasta las rodillas en ~ *To be knee-deep in.*

Estar muerto de miedo ~ *To be frightened to death.*

Estar muy atento ~ *To be very attentive.*

Estar muy cansado ~ *To be done up / To be very tired.*

Estar muy enfadado ~ *To be cross / To be annoyed.*

Estar muy harto de algo ~ *To be sick to death of something.*

Estar muy ocupado trabajando ~ *To be hard at work.*

Estar necesitado ~ *To be in need / To be in want.*

Estar nublado ~ *To be cloudy.*

Estar obligado a ~ *To be obliged to.*

Estar obligado a hacer algo ~ *To be forced to do something.*

Estar ojo avizor ~ *To keep a sharp lookout.*

Estar orgullo de hacer algo ~ *To be proud of doing something.*

Estar orgulloso de alguien ~ *To be proud of someone.*

Estar parado (descansando) ~ *To be at rest / To be having a rest.*

Estar parado (sin trabajo) ~ *To be out of work / To be unemployed.*

Estar pasado de moda ~ *To be out of fashion.*

Estar pensando en hacer algo ~ *To be thinking of doing something.*

Estar perplejo ~ *To be at a loss / To be puzzled.*

Estar poco dispuesto a ayudar ~ *To be reluctant to help.*

Estar por ver ~ *To remain to be seen.*

Estar preocupado por algo ~ *To be worried about something.*

Estar preocupado por alguien ~ *To be worried about someone.*

Estar preparado para algo ~ *To be ready for something.*

Estar preparado para hacer algo ~ *To be ready to do something.*

Estar presente en una ceremonia ~ *To attend a ceremony.*

Estar profundamente dormido ~ *To be fast asleep.*

Estar profundamente enamorado de alguien ~ *To be deeply in love with someone.*

Estar prometido a alguien ~ *To be engaged to someone.*

Estar reacio a hacer algo ~ *To be reluctant to do something.*

Estar recostado contra ~ *To be leaning against.*

Estar regular (ni bien ni mal) ~ *To be so-so.*

Estar relacionado con ~ *To be related to.*

Estar rendido de cansancio ~ *To be all in / To be tired out / To be worn out.*

Estar reñido con alguien ~ *To be at odds with someone / To be on bad terms with someone.*

Estar repetido ~ *To be duplicated.*

Estar resfriado ~ *To have a cold.*

Estar sano ~ *To be in good health / To be healthy.*

Estar satisfecho con ~ *To be satisfied with.*

Estar sentado ~ *To be sitting down / To be seated.*

Estar sentado a una mesa ~ *To be sitting at a table.*

Estar sin aliento por correr ~ *To be out of breath from running.*

Estar sin dinero ~ *To be broke / To be out of money / To be penniless.*

Estar sobre aviso ~ *To be on one's guard / To be on the alert.*
Estar sordo de un oído ~ *To be deaf in one ear.*
Estar tan claro como el agua ~ *To be obvious / To be as clear as daylight.*
Estar temblando ~ *To be trembling.*
Estar trabajando ~ *To be at work.*
Estar tras algo ~ *To be after something.*
Estar tras alguien ~ *To be after someone.*
Estar tumbado ~ *To be lying down.*
Estar tumbado boca abajo ~ *To be lying on one's face / To be lying face down.*
Estar tumbado boca arriba ~ *To be lying on one's back.*
Estar tumbado de lado ~ *To be lying on one's side.*
Estar tumbado en la cama ~ *To be lying in bed.*
Estar uno ajeno a lo que ocurre ~ *To be ignorant of what is happening.*
Estar uno en su derecho ~ *To be within one's rights.*
Estarse callado ~ *To be quiet / To remain silent.*
Estarse con los brazos cruzados ~ *To sit back and do nothing.*
Estirar las piernas ~ *To stretch one's legs.*
Esto se debe al hecho de que ~ *This is due to the fact that.*
Estorbar a alguien ~ *To get in someone's way.*
Estos últimos años ~ *These past few years.*
Estrechar a alguien contra el pecho ~ *To clasp someone to one's breast.*
Estrechar algo ~ *To make something narrower.*
Estrechar en la cintura (una prenda) ~ *To take in at the waist.*
Estrechar la mano a alguien ~ *To shake hands with someone.*
Estrecharse las manos ~ *To shake hands.*
Estribar en ~ *To rest on.*
Estudiar de firme ~ *To study hard.*
Estudiar para abogado ~ *To study to be a lawyer.*
Estudiar para un examen ~ *To study for an examination.*
Estudiar un asunto ~ *To go into a matter.*
Estudiar una carrera ~ *To study for a degree / To work towards a degree.*
Evitar hacer algo ~ *To avoid doing something.*

Evitar que algo se estropee ~ *To prevent something from being spoilt.*

Evitar que alguien haga algo ~ *To prevent someone from doing something / To stop someone from doing something.*

Examinar a alguien de inglés ~ *To examine someone in English.*

Examinar un asunto ~ *To look into a matter.*

Examinar un documento ~ *To look through a document / To examine a document.*

Exento de impuestos ~ *Tax-free.*

Exigir algo a alguien ~ *To demand something from someone.*

Eximir a alguien de hacer algo ~ *To excuse someone from doing something.*

Experto en idiomas ~ *Expert in languages.*

Explicar a alguien cómo hacer algo ~ *To explain to someone how to do something.*

Explicar algo a alguien ~ *To explain something to someone.*

Explicar algo a grandes rasgos ~ *To outline something.*

Explicar el porqué de algo ~ *To account for something / To explain the reason for something.*

Extender la mano ~ *To hold out one's hand.*

Extender la mano a alguien ~ *To hold out one's hand to someone.*

Extender un mapa sobre la mesa ~ *To spread a map out on the table.*

Extender una receta ~ *To write out a prescription.*

F

Facilitar las cosas ~ *To make things easier.*

Faltar a la escuela ~ *To stay away from school / To miss school / To be absent from school.*

Faltar a la oficina ~ *To stay away from the office.*

Faltar a la palabra dada ~ *To break one's word.*

Faltar a la verdad ~ *Not to tell the truth.*

Faltar a una promesa ~ *To break a promise / To break one's promise.*

Faltar al respeto a alguien ~ *To lack respect for someone.*

Faltarle a uno experiencia ~ *To lack experience.*

Faltarle a uno la respiración ~ *To be out of breath.*

Faltarle algo a alguien ~ *To be short of something.*

Familiarizado con algo ~ *Familiar with something.*

Famoso por ~ *Famous for / Noted for.*

Felicitar a alguien por algo ~ *To congratulate someone on something.*

Fiarse de alguien ~ *To trust someone.*

Fiel a ~ *Faithful to.*

Fijar la atención en algo ~ *To fix one's attention on something.*

Fijar una cita ~ *To set an appointment / To make an appointment.*

Fijar una fecha ~ *To fix a date / To set a date.*

Fingir estar cojo ~ *To pretend to be lame.*

Fingir estar muerto ~ *To pretend to be dead.*

Fingir hacer algo ~ *To pretend to do something.*

Firmado y sellado por ~ *Under the hand and seal of / Signed and sealed by.*

Firmar con una cruz ~ *To sign with a cross.*

Firmar la paz ~ *To sign a peace treaty.*

Flotar en el agua ~ *To float on the water.*

Flotar en el aire ~ *To float in the air.*
Flotar en la superficie ~ *To float on the surface.*
Formado por ~ *Formed by.*
Formar un corro ~ *To form a ring / To make a circle.*
Formular preguntas ~ *To ask questions.*
Formular un deseo ~ *To make a wish.*
Formular una pregunta ~ *To ask a question.*
Forrar un libro ~ *To back a book.*
Forzar a alguien a hacer algo ~ *To force someone to do something.*
Forzar la puerta ~ *To break the door open.*
Forzar una cerradura ~ *To force a lock.*
Fracasar en los negocios ~ *To fail in business.*
Fracasar en un intento ~ *To fail in an attempt.*
Frase por frase ~ *Phrase by phrase.*
Fregar el suelo ~ *To scrub the floor.*
Fregar los platos ~ *To do the washing-up.*
Frente a la costa ~ *Off the coast.*
Frotarse los ojos ~ *To rub one's eyes.*
Fruncir el entrecejo ~ *To knit one's brow.*
Fruncir las cejas ~ *To frown.*
Fuera de duda ~ *Beyond doubt.*
Fuera de la vista ~ *Out of sight.*
Fuera de lo común ~ *Out of the ordinary.*
Fuera de lugar ~ *Out of place.*
Fuera de mi alcance ~ *Out of my reach / Beyond my reach.*
Fuera de peligro ~ *Out of danger.*
Fuera de serie ~ *Out of the ordinary.*
Fuera de servicio (en el trabajo) ~ *Off duty.*
Fuera de servicio (estropeado) ~ *Out of order.*
Fuera de toda duda ~ *Beyond all doubt.*
Fuera del alcance ~ *Out of reach.*
Fuera del alcance de ~ *Out of the reach of.*
Fuera del alcance de la vista ~ *Out of sight.*
Fumar en pipa ~ *To smoke a pipe.*
Funcionar por electricidad ~ *To run on electricity / To be driven by electricity.*

G

Ganar a alguien (a un juego) ~ *To beat someone.*
Ganar altura (un avión) ~ *To climb.*
Ganar dinero (trabajando) ~ *To earn money.*
Ganar peso ~ *To put on weight.*
Ganar terreno ~ *To gain ground.*
Ganar tiempo ~ *To gain time.*
Ganar un premio ~ *To win a prize.*
Ganar una carrera ~ *To win a race.*
Ganarse la vida ~ *To earn one's living / To make a living.*
Ganarse la vida cantando ~ *To make a living by singing.*
Gastar bromas ~ *To play practical jokes.*
Gastar bromas a alguien ~ *To play jokes on someone / To
    play tricks on someone.*
Gastar dinero en algo ~ *To spend money on something.*
Gastar dinero en pasarlo bien ~ *To spend money on having a
    good time.*
Gastar más de lo que se gana ~ *To live beyond one's means /
    To spend more than one earns.*
Gastarle una broma a alguien ~ *To play a joke on someone /
    To play a trick on someone.*
Girar a la derecha ~ *To turn right.*
Girar a la izquierda ~ *To turn left.*
Girar en redondo ~ *To turn right round.*
Gobernado por ~ *Governed by.*
Golpear fuerte ~ *To hit hard.*
Golpear la mesa con el puño ~ *To bang one's fist on the
    table.*
Gota a gota ~ *Drop by drop.*
Gozar de buena posición económica ~ *To be well off / To be
    comfortably off.*
Gozar de buena salud ~ *To be in good health.*

Gracias a su ayuda ~ *Thanks to his help.*
Gritar a alguien (con enfado) ~ *To shout at someone.*
Gritar a alguien (decirle algo en voz muy alta) ~ *To shout to someone.*
Gritar de contento ~ *To shout with joy.*
Gritar de dolor ~ *To shout with pain / To cry out in pain.*
Gritar de miedo ~ *To scream in fear / To shriek with terror.*
Gritar desesperado ~ *To shout in despair / To shout in desperation.*
Gritar hasta enronquecer ~ *To shout oneself hoarse.*
Gritar pidiendo ayuda ~ *To shout for help.*
Guardar algo bajo llave ~ *To lock something up / To keep something under lock and key.*
Guardar algo para sí ~ *To keep something for oneself.*
Guardar cama ~ *To stay in bed / To be confined to bed.*
Guardar la línea ~ *To watch one's weight / To watch one's figure.*
Guardar las apariencias ~ *To keep up appearances.*
Guardar las distancias (en el trato) ~ *To keep at arm's length / To keep one's distance.*
Guardar rencor a alguien por algo ~ *To hold a grudge against someone because of something.*
Guardar silencio ~ *To keep silent / To remain silent.*
Guardar silencio sobre algo ~ *To keep silent about something.*
Guardar un secreto ~ *To keep a secret.*
Guardarse el orgullo ~ *To pocket one's pride.*
Guardársela a alguien ~ *To have it in for someone.*
Guarecerse de la lluvia ~ *To shelter from the rain.*
Guerra a muerte ~ *War to the death.*
Guiñar un ojo ~ *To wink.*
Guiñar un ojo a alguien ~ *To wink at someone.*
Gustarle a uno hacer algo ~ *To like to do something / To like doing something.*
Gustarle a uno lo dulce ~ *To have a sweet tooth .*
Gustarle a uno que alguien haga algo ~ *To like someone to do something.*

H

Ha llegado el momento de ~ *The time has come to.*
Habilidad de hacer algo ~ *Ability to do something.*
Hablando claro ~ *Putting it plainly / Speaking
     plainly.*
Hablando sin rodeos ~ *To put it bluntly.*
Hablar a alguien de algo ~ *To speak to someone about
     something.*
Hablar a alguien sobre un asunto ~ *To speak to someone
     about a matter.*
Hablar a voces ~ *To talk loudly / To speak at the top of one's
     voice.*
Hablar acerca de algo ~ *To speak about something.*
Hablar alto ~ *To speak in a loud voice / To speak loudly.*
Hablar alto y claro ~ *To speak loudly and clearly.*
Hablar bajo ~ *To speak low / To speak in a low voice / To
     speak softly.*
Hablar bien de alguien ~ *To speak well of someone.*
Hablar claro (decir lo que uno piensa) ~ *To speak out.*
Hablar con acento ~ *To speak with an accent.*
Hablar con acento extranjero ~ *To speak with a foreign
     accent.*
Hablar con alguien ~ *To speak to someone / To talk to
     someone.*
Hablar con alguien de hombre a hombre ~ *To talk to
     someone man to man.*
Hablar con alguien en inglés ~ *To speak to someone in
     English.*
Hablar con alguien por teléfono ~ *To speak to someone on
     the telephone.*
Hablar con Barcelona (por teléfono) ~ *To speak to
     Barcelona.*

Hablar con conocimiento de causa ~ *To know what one is talking about.*

Hablar con toda franqueza ~ *To speak one's mind freely / To speak frankly.*

Hablar consigo mismo ~ *To talk to oneself.*

Hablar de algo ~ *To speak about something / To talk about something.*

Hablar de alguien ~ *To speak about someone / To talk about someone.*

Hablar de cosas ~ *To talk about this and that.*

Hablar de un asunto ~ *To speak about a subject.*

Hablar en broma ~ *To be joking.*

Hablar en nombre de alguien ~ *To speak on someone's behalf.*

Hablar en público ~ *To speak in public.*

Hablar en serio ~ *To be in earnest / To speak seriously.*

Hablar en sueños ~ *To talk in one's sleep.*

Hablar en voz alta ~ *To speak in a loud voice .*

Hablar en voz baja ~ *To speak in a low voice.*

Hablar entre dientes ~ *To mumble / To mutter.*

Hablar español con acento inglés ~ *To speak Spanish with an English accent.*

Hablar inglés bien ~ *To speak English well.*

Hablar inglés mal ~ *To speak English badly.*

Hablar mal de alguien ~ *To say something against someone / To speak badly of someone.*

Hablar más alto ~ *To speak louder.*

Hablar por alguien ~ *To speak for someone / To speak on someone else's behalf.*

Hablar por hablar ~ *To talk for the sake of talking / To talk just for the sake of it.*

Hablar por lo bajo ~ *To speak in a low whisper.*

Hablar por los codos ~ *To be a chatterbox.*

Hablar por teléfono ~ *To speak on the telephone.*

Hablar sin cesar ~ *To talk on and on / To talk non-stop.*

Hablar sin rodeos ~ *To go straight to the point / To speak out plainly / Not to beat about the bush.*

Hablar sobre un tema ~ *To speak on a subject / To talk about
    a topic.*
Hablar un idioma bien ~ *To speak a language well.*
Hablar un idioma con acento extranjero ~ *To speak a
    language with a foreign accent.*
Hablar un idioma con soltura ~ *To speak a language fluently.*
Hablar un idioma mal ~ *To speak a language badly.*
Hablar uno para sus adentros ~ *To talk to oneself.*
Hace algún tiempo ~ *Some time ago.*
Hace algunos meses ~ *A few months back / A few months ago
    / Some months ago.*
Hace buen tiempo ~ *It's fine weather / The weather is good.*
Hace calor ~ *It's hot.*
Hace dos días ~ *Two days ago.*
Hace dos meses ~ *Two months ago.*
Hace frío ~ *It's cold.*
Hace mucho calor ~ *It's very hot.*
Hace mucho frío ~ *It's very cold.*
Hace mucho tiempo ~ *A long time ago.*
Hace poco rato ~ *A short while ago.*
Hace poco tiempo ~ *A short time ago.*
Hace pocos meses ~ *A few months ago.*
Hace sol ~ *It is sunny / The sun is shining.*
Hace un rato ~ *A while ago.*
Hace una hora ~ *An hour ago.*
Hace unas semanas ~ *A few weeks back / Some weeks ago.*
Hace unos cuantos años ~ *A few years ago.*
Hace unos dos años ~ *About two years ago.*
Hace viento ~ *It is windy.*
Hacer a alguien feliz ~ *To make someone happy.*
Hacer a alguien justicia ~ *To do someone justice.*
Hacer a alguien prisionero ~ *To take someone prisoner.*
Hacer a alguien un regalo de cumpleaños ~ *To give someone
    a birthday present.*
Hacer a alguien una oferta de matrimonio ~ *To make
    someone an offer of marriage / To propose to someone.*
Hacer a alguien una pregunta ~ *To ask someone a question.*

Hacer a alguien una visita ~ *To pay someone a visit / To visit someone.*

Hacer a uno cosquillas ~ *To tickle someone.*

Hacer ademán de ~ *To make a move to / To make as if to.*

Hacer algo ~ *To do something.*

Hacer algo a alguien ~ *To do something to someone.*

Hacer algo a gusto ~ *To enjoy doing something.*

Hacer algo a la fuerza ~ *To be forced to do something.*

Hacer algo a lo grande ~ *To do something in grand style.*

Hacer algo a mano ~ *To do something by hand / To make something by hand.*

Hacer algo a propósito ~ *To do something on purpose.*

Hacer algo a ratos perdidos ~ *To do something in one's odd moments.*

Hacer algo al mismo tiempo ~ *To do something at the same time.*

Hacer algo al pie de la letra ~ *To do something to the letter.*

Hacer algo añicos ~ *To break something to bits / To smash something to smithereens*

Hacer algo bajo la amenaza de una pistola ~ *To do something at gunpoint.*

Hacer algo como es debido ~ *To do something properly.*

Hacer algo con conocimiento de causa ~ *To do something with full knowledge of the facts.*

Hacer algo con desventaja ~ *To be at a disadvantage when doing something / To be handicapped when doing something.*

Hacer algo con la mayor facilidad ~ *To do something with the greatest of ease.*

Hacer algo con mucho tiento ~ *To do something with great care.*

Hacer algo con placer ~ *To do something with pleasure.*

Hacer algo de balde ~ *To do something for nothing.*

Hacer algo de buena fe ~ *To do something in good faith.*

Hacer algo de buena gana ~ *To do something willingly.*

Hacer algo de distinta manera que ~ *To do something differently from.*

Hacer algo de igual manera que ~ *To do something similarly to / To do something in the same way as.*

Hacer algo de mala gana ~ *To do something unwillingly.*

Hacer algo deprisa ~ *To do something quickly / To do something in a hurry.*

Hacer algo despacio ~ *To do something slowly.*

Hacer algo en este mismo momento ~ *To do something this very moment / To do something right now.*

Hacer algo en secreto ~ *To do something in secret.*

Hacer algo en silencio ~ *To do something in silence.*

Hacer algo otra vez ~ *To do something over again.*

Hacer algo por amor al arte ~ *To do something for the love of it.*

Hacer algo por caridad ~ *To do something out of charity.*

Hacer algo por costumbre ~ *To do something from habit.*

Hacer algo por dinero ~ *To do something for money.*

Hacer algo por diversión ~ *To do something for amusement.*

Hacer algo por envidia ~ *To do something out of envy.*

Hacer algo por gusto ~ *To do something for pleasure.*

Hacer algo por instinto ~ *To do something by instinct.*

Hacer algo por miedo ~ *To do something out of fear.*

Hacer algo por necesidad ~ *To do something from necessity.*

Hacer algo por piedad ~ *To do something out of pity.*

Hacer algo por venganza ~ *To do something out of revenge.*

Hacer algo por vergüenza ~ *To do something out of shame.*

Hacer algo solo ~ *To do something by oneself.*

Hacer alguna cosa ~ *To do something.*

Hacer alto ~ *To stop.*

Hacer amigos ~ *To make friends.*

Hacer amistad con alguien ~ *To make friends with someone.*

Hacer amistades ~ *To make friends.*

Hacer añicos ~ *To break into pieces / To smash to smithereens.*

Hacer arrancar el motor ~ *To start the motor.*

Hacer bien (acertar) ~ *To do well.*

Hacer bien uno su trabajo ~ *To be good at one's work / To do a good job.*

Hacer blanco ~ *To hit the target / To hit the bull's eye / To hit the mark.*
Hacer burla a alguien ~ *To make fun of someone.*
Hacer burla a alguien (con la mano) ~ *To thumb one's nose at someone.*
Hacer calor ~ *To be hot / To be warm.*
Hacer caso a alguien ~ *To take notice of someone.*
Hacer caso omiso de algo ~ *To take no notice of something.*
Hacer causa común con alguien ~ *To side with someone.*
Hacer cola ~ *To queue up / To stand in the queue.*
Hacer cola para entrar en el teatro ~ *To queue up to go into the theatre.*
Hacer comentarios sobre algo ~ *To comment on something / To make comments about something.*
Hacer comparaciones ~ *To make comparisons.*
Hacer compras ~ *To do some shopping.*
Hacer creer a alguien ~ *To make someone believe.*
Hacer daño ~ *To do harm / To cause damage.*
Hacer de intérprete ~ *To act as an interpreter.*
Hacer dinero ~ *To make money.*
Hacer efectivo un cheque ~ *To cash a cheque.*
Hacer efecto (una medicina) ~ *To take effect.*
Hacer ejercicio ~ *To take exercise.*
Hacer el bien ~ *To do good.*
Hacer el tonto ~ *To act the fool.*
Hacer el vago ~ *To laze about.*
Hacer entrar a alguien ~ *To call someone in.*
Hacer escala en un puerto ~ *To call at a port.*
Hacer esperar a alguien ~ *To keep someone waiting.*
Hacer falta ~ *To be necessary.*
Hacer faltas ~ *To make mistakes.*
Hacer fortuna ~ *To make a fortune.*
Hacer fotos ~ *To take photographs.*
Hacer frente a algo ~ *To face something.*
Hacer frente a alguien ~ *To stand up to someone.*
Hacer frente a los gastos ~ *To meet expenses.*
Hacer fresco ~ *To be chilly.*

Hacer frío ~ *To be cold.*
Hacer fuego (disparar) ~ *To fire / To shoot.*
Hacer fuego (lumbre) ~ *To make a fire.*
Hacer fuegos artificiales ~ *To set off fireworks.*
Hacer funcionar una máquina ~ *To run a machine / To make
     a machine work.*
Hacer gestos ~ *To pull faces / To make faces.*
Hacer guardia junto a la puerta ~ *To keep guard at the door.*
Hacer guiños a alguien ~ *To wink at someone.*
Hacer hincapié en algo ~ *To insist on something / To give
     emphasis to something.*
Hacer horas extras ~ *To work overtime.*
Hacer huelga ~ *To go on strike.*
Hacer huelga para conseguir más salario ~ *To strike for
     higher wages.*
Hacer juego con ~ *To go with / To match.*
Hacer justicia ~ *To do justice.*
Hacer la cama ~ *To make the bed.*
Hacer la comida ~ *To cook lunch / To get lunch ready.*
Hacer la compra ~ *To do the shopping.*
Hacer la cuenta ~ *To figure it out.*
Hacer la guerra ~ *To make war.*
Hacer la maleta ~ *To pack one's suitcase.*
Hacer la vista gorda ~ *To turn a blind eye.*
Hacer las cosas con tacto ~ *To manage things in a tactful
     manner / To do something tactfully.*
Hacer las faenas de la casa ~ *To do the housework.*
Hacer las maletas ~ *To do one's packing / To pack one's
     suitcases.*
Hacer las paces con alguien ~ *To make it up with
     someone.*
Hacer las paces con un beso ~ *To kiss and make up.*
Hacer las tareas del colegio ~ *To do one's homework.*
Hacer llegar el dinero hasta fin de mes ~ *To make ends
     meet.*
Hacer llorar a alguien ~ *To move someone to tears / To make
     someone cry.*

Hacer lo que es justo ~ *To do what is right / To do the right thing.*

Hacer lo que le dicen a uno que haga ~ *To do as one is told.*

Hacer los deberes (de la escuela) ~ *To do one's homework.*

Hacer los honores ~ *To do the honours.*

Hacer memoria ~ *To call to mind.*

Hacer méritos ~ *To make oneself deserving.*

Hacer milagros ~ *To work miracles.*

Hacer mucho calor ~ *To be very hot.*

Hacer mucho frío ~ *To be very cold.*

Hacer mucho ruido ~ *To make a loud noise / To make a lot of noise.*

Hacer muecas ~ *To make faces.*

Hacer negocios ~ *To do business.*

Hacer observaciones sobre algo ~ *To remark on something / To comment on something.*

Hacer oídos sordos ~ *To turn a deaf ear.*

Hacer pasar a alguien ~ *To show someone in.*

Hacer pasar a alguien a una habitación ~ *To show someone into a room.*

Hacer perder el tiempo a alguien ~ *To take up someone's time / To waste someone's time.*

Hacer planes ~ *To make plans.*

Hacer planes para el futuro ~ *To plan for the future / To make future plans.*

Hacer preguntas ~ *To ask questions.*

Hacer preparativos ~ *To make preparations.*

Hacer progresos ~ *To make progress.*

Hacer proyectos ~ *To make plans.*

Hacer que algo funcione ~ *To make something go.*

Hacer que alguien hable ~ *To get someone talking / To get someone to talk / To make someone talk.*

Hacer que alguien haga algo ~ *To make someone do something / To get someone to do something.*

Hacer que alguien se avergüence ~ *To put someone to shame / To make someone ashamed (of themselves) / To shame someone.*

Hacer que le limpien a uno los zapatos ~ *To have one's shoes polished.*
Hacer rabiar a alguien ~ *To make someone angry.*
Hacer reír a alguien ~ *To make someone laugh.*
Hacer resaltar algo ~ *To emphasise something.*
Hacer ruido ~ *To make a noise.*
Hacer saber a alguien ~ *To let someone know.*
Hacer saltar la banca ~ *To break the bank.*
Hacer señas a alguien con la mano ~ *To wave to someone.*
Hacer señas con la mano ~ *To wave one's hand.*
Hacer sitio ~ *To make room.*
Hacer sitio a alguien ~ *To make room for someone.*
Hacer sol ~ *To be sunny.*
Hacer té ~ *To make tea.*
Hacer temblar a alguien ~ *To make someone shake.*
Hacer todo lo posible ~ *To do one's best / To do one's utmost.*
Hacer trabajos sueltos ~ *To do odd jobs.*
Hacer trampas a las cartas ~ *To cheat at cards.*
Hacer transbordo ~ *To change (trains, planes, etc).*
Hacer trizas ~ *To pull to pieces / To tear to pieces.*
Hacer un agujero ~ *To make a hole.*
Hacer un agujero (con una taladradora) ~ *To drill a hole.*
Hacer un brindis ~ *To drink a toast.*
Hacer un brindis por la salud de alguien ~ *To drink to a person's health.*
Hacer un buen trabajo ~ *To do a good job.*
Hacer un comentario sobre algo ~ *To comment on something / To make a comment about something.*
Hacer un corro ~ *To stand in a ring / To form a circle / To make a circle.*
Hacer un dictado ~ *To do a dictation exercise.*
Hacer un ejercicio ~ *To do an exercise.*
Hacer un esfuerzo ~ *To make an effort.*
Hacer un favor a alguien ~ *To do someone a favour.*
Hacer un gesto (con la cara) ~ *To grimace.*
Hacer un gesto (con las manos) ~ *To gesticulate.*

Hacer un intento para conseguir algo ~ *To make an attempt at getting something.*

Hacer un lazo ~ *To tie a bow.*

Hacer un nudo ~ *To tie a knot.*

Hacer un ofrecimiento ~ *To make an offer.*

Hacer un paquete ~ *To wrap up a parcel / To make a parcel.*

Hacer un ruido ~ *To make a noise.*

Hacer un trabajo ~ *To do a job / To do some work.*

Hacer un traje a alguien ~ *To make a suit for someone / To make someone a suit.*

Hacer un trato ~ *To strike a bargain / To make a deal.*

Hacer un último intento ~ *To make one final attempt / To have a last try.*

Hacer un viaje ~ *To make a journey.*

Hacer un viaje a Londres ~ *To make a journey to London.*

Hacer un viaje desde Londres a Madrid ~ *To make a journey from London to Madrid.*

Hacer una comparación entre dos cosas ~ *To make a comparison between two things.*

Hacer una copia en limpio ~ *To make a clean copy.*

Hacer una corta visita ~ *To make a short visit.*

Hacer una distinción entre dos cosas ~ *To make a distinction between two things.*

Hacer una excepción ~ *To make an exception.*

Hacer una falta ~ *To make a mistake.*

Hacer una fortuna ~ *To make a fortune.*

Hacer una foto ~ *To take a photo.*

Hacer una foto a alguien ~ *To take a picture of someone / To take someone's photo.*

Hacer una lista ~ *To make a list.*

Hacer una llamada ~ *To make a call.*

Hacer una locura ~ *To do something foolish.*

Hacer una mala pasada a alguien ~ *To play a dirty trick on someone.*

Hacer una maleta ~ *To pack a suitcase.*

Hacer una observación ~ *To make a remark.*

Hacer una oferta ~ *To make an offer.*

Hacer una pausa en el trabajo ~ *To take a break from work.*
Hacer una pregunta ~ *To ask a question.*
Hacer una pregunta a alguien ~ *To ask someone a question.*
Hacer una promesa ~ *To make a promise.*
Hacer una quiniela ~ *To do the pools.*
Hacer una rebaja ~ *To make a reduction / To give a discount.*
Hacer una rebaja del 10% ~ *To take 10% off the price / To give 10% off.*
Hacer una reserva ~ *To make a reservation.*
Hacer una reverencia (un hombre) a alguien ~ *To bow to someone.*
Hacer una reverencia (una mujer) a alguien ~ *To curtsy to someone.*
Hacer una seña a alguien ~ *To make a sign to someone.*
Hacer una sugerencia a alguien ~ *To make a suggestion to someone.*
Hacer una suma ~ *To do addition.*
Hacer una tortilla ~ *To make an omelette.*
Hacer una visita ~ *To pay a visit.*
Hacer una visita a alguien ~ *To pay someone a visit / To pay a visit to someone.*
Hacer una visita inesperada ~ *To drop in unexpectedly / To turn up unexpectedly.*
Hacer uno su deber ~ *To do one's duty.*
Hacer uno su voluntad ~ *To do as one likes.*
Hacer uno todo lo posible ~ *To do one's best / To do one's utmost.*
Hacer uso de algo ~ *To make use of something.*
Hacer uso de la palabra ~ *To make a speech.*
Hacer viento ~ *To be windy.*
Hacer volver a alguien ~ *To call someone back / To make someone come back.*
Hacerle a alguien responsable ~ *To hold someone responsible.*
Hacerle a alguien un favor ~ *To do someone a favour.*
Hacerle a alguien una faena ~ *To play a dirty trick on someone.*

Hacerle a alguien una mala pasada ~ *To do someone a bad turn.*

Hacerle algo a alguien ~ *To do something to someone.*

Hacerse a la mar ~ *To put to sea.*

Hacerse a un lado ~ *To step aside / To move aside.*

Hacerse amigo de alguien ~ *To make friends with someone.*

Hacerse amigos ~ *To become friends.*

Hacerse añicos ~ *To break into small pieces.*

Hacerse atrás ~ *To move back.*

Hacerse buenos amigos ~ *To become good friends.*

Hacerse cargo de algo ~ *To take charge of something.*

Hacerse cruces ~ *To be left speechless.*

Hacerse daño ~ *To get hurt / To hurt oneself.*

Hacerse de noche ~ *To grow dark.*

Hacerse el desentendido ~ *To pretend not to notice.*

Hacerse el disimulado ~ *To pretend not to notice.*

Hacerse el dormido ~ *To pretend to be sleeping.*

Hacerse el muerto ~ *To play dead / To pretend to be dead.*

Hacerse el santo ~ *To play the little saint.*

Hacerse el sordo ~ *To turn a deaf ear.*

Hacerse entender ~ *To make oneself understood.*

Hacerse famoso por ~ *To become famous for.*

Hacerse hombre ~ *To reach manhood.*

Hacerse la cama ~ *To make one's bed.*

Hacerse la raya del pelo ~ *To part one's hair / To make a parting in one's hair.*

Hacerse mayor ~ *To be getting on in years / To become elderly.*

Hacerse médico ~ *To become a doctor.*

Hacerse miembro de un club ~ *To join a club / To become a member of a club.*

Hacerse pedazos ~ *To fall to pieces / To fall to bits.*

Hacerse popular ~ *To become popular.*

Hacerse realidad ~ *To come true.*

Hacerse rico ~ *To get rich.*

Hacerse tarde ~ *To get late / To grow late.*

Hacerse trizas ~ *To be torn to threads.*

Hacerse un taco ~ *To get all mixed up.*
Hacerse un traje ~ *To have a suit made.*
Hacerse una foto ~ *To have one's photograph taken.*
Hacerse una idea de algo ~ *To get an idea of something.*
Hacerse una radiografía ~ *To have an X-ray taken.*
Hacerse viejo ~ *To get old / To grow old / To get older.*
Hacerse visible ~ *To come into sight / To come into view.*
Hacia abajo ~ *Downwards.*
Hacia acá ~ *This way.*
Hacia adelante ~ *Forwards.*
Hacia adelante y hacia atrás ~ *Backwards and forwards /
    Back and forth.*
Hacia allá ~ *That way.*
Hacia arriba ~ *Upwards.*
Hacia atrás ~ *Backwards.*
Hacia finales de mes ~ *Towards the end of the month / Near
    the end of the month.*
Hacia la media noche ~ *Towards midnight.*
Hacia las cuatro ~ *At about four o'clock.*
Hacia últimos de mayo ~ *Towards the end of May.*
Haga buen o mal tiempo ~ *Rain or shine.*
Hasta abajo ~ *Down to the bottom.*
Hasta ahora ~ *Up to now / Until now.*
Hasta allí ~ *That far.*
Hasta altas horas de la noche ~ *Far into the night / Until very
    late at night.*
Hasta aquí ~ *This far.*
Hasta arriba (lleno) ~ *Full to the brim / Full right up.*
Hasta cierto punto ~ *To a certain extent / Up to a point / In
    some degree.*
Hasta donde yo pueda ~ *To the limit of my capacity / As far
    as I can.*
Hasta el fin ~ *To the end.*
Hasta el final ~ *Through to the end / Right to the end.*
Hasta el lunes ~ *Until Monday.*
Hasta el presente ~ *Up to the present time / Up until now.*
Hasta el último hombre ~ *To the last man.*

Hasta el último momento ~ *Up to the last moment / Up until the last moment.*
Hasta entonces ~ *Up till then.*
Hasta este nivel ~ *Up to this level.*
Hasta este punto (llenando algo) ~ *Up to here.*
Hasta hoy ~ *To this day.*
Hasta la fecha ~ *Up to now / So far.*
Hasta la fuente ~ *As far as the fountain.*
Hasta la madrugada ~ *Till the small hours.*
Hasta la médula ~ *To the backbone.*
Hasta la muerte ~ *To the bitter end / To the death.*
Hasta la vista! ~ *Till we meet again! / See you!*
Hasta luego! ~ *So long! / See you later!*
Hasta mañana por la mañana ~ *Until tomorrow morning.*
Hasta mañana! ~ *Until tomorrow! / See you tomorrow!*
Hasta más no poder ~ *To the utmost.*
Hasta nueva orden ~ *Until further notice.*
Hasta nuevo aviso ~ *Until further notice.*
Hasta otro rato! ~ *So long for now!*
Hasta pronto! ~ *See you soon!*
Hasta qué punto? ~ *To what extent?*
Hasta que se hizo de noche ~ *Until night closed in / Till nightfall.*
Hasta tal punto ~ *To such a point / To such an extent.*
Hay para rato ~ *It'll take quite a while.*
Hecho a mano ~ *Made by hand / Hand-made.*
Hecho a máquina ~ *Made by machine / Machine-made.*
Hecho a medida (un mueble) ~ *Made-to-order.*
Hecho a medida (un traje) ~ *Made-to-measure.*
Hecho con buen gusto ~ *Done in good taste.*
Hecho con mal gusto ~ *Done in bad taste.*
Hecho con primor (una labor) ~ *Done most skilfully.*
Hecho de madera ~ *Made (out) of wood.*
Hecho de nieve ~ *Made (out) of snow.*
Hecho de trigo (el pan) ~ *Made from wheat.*
Hecho pedazos ~ *In pieces.*
Hecho una furia ~ *In a rage.*

Heredar una fortuna ~ *To inherit a fortune.*
Herir a alguien en su amor propio ~ *To wound someone's pride.*
Herir a alguien en sus sentimientos ~ *To hurt someone's feelings.*
Hincar los dientes en ~ *To sink one's teeth into.*
Hinchar un neumático ~ *To blow up a tyre.*
Hojear un libro ~ *To turn the pages of a book / To leaf through a book.*
Hombro con hombro ~ *Shoulder to shoulder.*
Hora de acostarse ~ *Time for bed / Time to turn in.*
Hora de hacer algo ~ *Time to do something.*
Hora tras hora ~ *Hour after hour.*
Hospedarse en un hotel ~ *To put up at a hotel / To stay at a hotel.*
Hoy en día ~ *Nowadays.*
Hoy hace un año ~ *A year ago today.*
Hoy mismo ~ *This very day.*
Hoy por hoy ~ *At the present time.*
Huelga decir ~ *It goes without saying.*
Huir de alguien ~ *To escape from someone.*
Hurgarse las narices ~ *To pick one's nose.*

I

Idéntico a algo ~ *Identical to something.*
Ignorante de un hecho ~ *Ignorant of a fact.*
Igual de color ~ *Similar in colour / The same colour.*
Igual de precio ~ *Similar in price / The same price.*
Igual de tamaño ~ *Of equal size / The same size.*
Iluminar una habitación ~ *To light up a room.*
Imitar la voz de alguien ~ *To imitate someone's voice.*
Impedir que alguien haga algo ~ *To keep someone from doing something.*
Implorar ayuda ~ *To beg for help.*
Imponer respeto ~ *To inspire respect.*
Importarle algo a alguien ~ *To care about something.*
Importarle poco a alguien ~ *To care little for something.*
Impresionado por algo ~ *Impressed by something.*
Incapaz de hacer algo ~ *Incapable of doing something.*
Inclinarse hacia adelante ~ *To lean forward.*
Inclinarse por una opinión ~ *To incline towards an opinion.*
Inclinarse sobre la mesa ~ *To lean over the table.*
Incluir algo en una lista ~ *To include something on a list.*
Incontables veces ~ *Countless times.*
Incorporarse en la cama ~ *To sit up in bed.*
Incremento de sueldo ~ *Increase in wages / Pay rise.*
Independiente de alguien ~ *Independent of someone.*
Independientemente de ~ *Independently of.*
Indicar algo ~ *To point something out.*
Indicar el camino ~ *To tell the way / To show the way.*
Indiferente a algo ~ *Indifferent to something.*
Indignación por algo ~ *Indignation at something.*
Indignado con alguien ~ *Indignant with someone.*
Indignado por algo ~ *Indignant at something.*

Indisponer a alguien contra alguien ~ *To set someone against someone.*

Indisponerse con alguien ~ *To fall out with someone.*

Inducir a alguien a error ~ *To lead someone into error.*

Inducir a alguien a hacer algo ~ *To induce someone into doing something.*

Inferior a (de menor calidad) ~ *Inferior to.*

Infestado de ratones ~ *Infested with mice.*

Inflar un globo ~ *To blow up a balloon / To inflate a balloon.*

Inflar un neumático ~ *To pump up a tyre / To inflate a tyre.*

Influencia de algo sobre alguien ~ *Influence of something on someone.*

Influir sobre algo ~ *To influence something.*

Influir sobre alguien ~ *To influence someone.*

Informar a alguien de algo ~ *To inform someone of something / To inform someone about something.*

Ingeniárselas para hacer algo ~ *To manage to do something.*

Injusto con alguien ~ *Unjust to someone.*

Inmediatamente después ~ *Immediately afterwards.*

Inmune a una enfermedad ~ *Immune to an illness.*

Inocente de un delito ~ *Innocent of a crime.*

Inscribirse para tomar parte en una competición ~ *To enter for a competition.*

Insensible al dolor ~ *Insensible to pain.*

Insertar algo en ~ *To insert something in(to).*

Insistencia sobre algo ~ *Insistence on something.*

Insistir en algo ~ *To insist on something.*

Insistir en hacer algo ~ *To insist on doing something.*

Inspirado para hacer algo ~ *Inspired to do something.*

Inspirado por algo ~ *Inspired by something.*

Inspirar miedo ~ *To inspire fear.*

Instalarse en un sillón ~ *To settle down in an armchair.*

Instruir a alguien en algo ~ *To instruct someone in something.*

Insultar a alguien ~ *To insult someone.*

Insultar a alguien en su cara ~ *To insult someone to his face.*

Intentar hacer algo ~ *To attempt to do something / To attempt doing something / To try to do something.*

Intentarlo esforzadamente ~ *To try hard.*

Intercambio de prisioneros ~ *Exchange of prisoners.*

Interceder por alguien ~ *To intercede for someone.*

Interesado en hacer algo ~ *Interested in doing something.*

Interesado por algo ~ *Interested in something.*

Interesarse por hacer algo ~ *To be interested in doing something.*

Interferir en un asunto ~ *To interfere in an affair.*

Interpretar algo al revés ~ *To get things the wrong way round / To get things back to front.*

Interrumpir a alguien (cortándole en seco) ~ *To cut someone short.*

Interrumpir el viaje ~ *To break one's journey.*

Interrumpir una conversación ~ *To interrupt a conversation.*

Intervenir en una conversación ~ *To take part in a conversation.*

Intervenir en una disputa ~ *To intervene in a dispute.*

Intrigado por algo ~ *Intrigued by something.*

Introducir algo en ~ *To insert something in(to).*

Inundado de agua ~ *Flooded by water.*

Inventar una historia ~ *To make up a story.*

Invertir dinero en un negocio ~ *To invest money in a business.*

Investigar un asunto ~ *To inquire into a matter / To investigate a subject.*

Invitar a alguien a cenar ~ *To invite someone to dinner / To ask someone to dinner / To ask someone for dinner / To treat someone to a dinner.*

Invitar a alguien a cenar fuera ~ *To invite someone out to dinner / To ask someone out to dinner / To take someone out to dinner.*

Invitar a alguien a entrar ~ *To invite someone in.*

Invitar a alguien a la boda de uno ~ *To invite someone to one's wedding.*

Invitar a alguien a salir ~ *To invite someone out.*

Invitar a alguien a tomar una copa en casa ~ *To invite someone in for a drink / To invite someone home for a drink.*

Invitar a alguien a un helado ~ *To treat someone to an ice cream.*

Invitar a alguien a una copa ~ *To stand someone a drink / To buy someone a drink.*

Invitar a alguien a una fiesta ~ *To invite someone to a party.*

Invitar a alguien al cine ~ *To invite someone to the cinema.*

Ir a algún sitio ~ *To go somewhere.*

Ir a bailar ~ *To go dancing.*

Ir a bordo ~ *To go on board.*

Ir a buscar a alguien ~ *To call for someone.*

Ir a buscar a alguien a la estación ~ *To meet someone at the station / To pick someone up from the station.*

Ir a buscar a un médico ~ *To go for a doctor.*

Ir a buscar algo ~ *To fetch something / To go and look for something.*

Ir a caballo ~ *To go on horseback.*

Ir a campo traviesa ~ *To go across country.*

Ir a casa ~ *To go home.*

Ir a casa a buscar algo ~ *To go home for something.*

Ir a casa directamente ~ *To go straight home.*

Ir a casa en coche ~ *To drive home.*

Ir a clase ~ *To go to class.*

Ir a dar un paseo ~ *To go for a walk.*

Ir a dar un paseo en coche ~ *To go for a drive.*

Ir a dar una vuelta ~ *To go for a stroll.*

Ir a despedir a alguien ~ *To see someone off / To go to say goodbye to someone.*

Ir a Inglaterra en barco ~ *To travel to England by boat.*

Ir a jugar a los bolos ~ *To go bowling.*

Ir a la bancarrota ~ *To go bankrupt.*

Ir a la calle ~ *To go into the street.*

Ir a la cama ~ *To go to bed.*

Ir a la ciudad ~ *To go up to town.*

Ir a la derecha ~ *To go to the right.*

Ir a la escuela ~ *To go to school.*
Ir a la guerra ~ *To go to war.*
Ir a la huelga ~ *To go on strike.*
Ir a la izquierda ~ *To go to the left.*
Ir a la pata coja ~ *To hop along.*
Ir a la quiebra ~ *To go bankrupt.*
Ir a Londres en auto-stop ~ *To hitch-hike to London / To thumb a lift to London.*
Ir a los toros ~ *To go to a bull-fight.*
Ir a medias ~ *To go fifty-fifty / To go halves.*
Ir a nadar ~ *To go swimming / To go for a swim.*
Ir a parar en ~ *To end up in.*
Ir a parar en la cárcel ~ *To end up in jail.*
Ir a pie ~ *To go on foot / To walk.*
Ir a pie a la oficina ~ *To walk to the office.*
Ir a por algo ~ *To go and fetch something.*
Ir a prisión para toda la vida ~ *To be imprisoned for life / To get a life sentence.*
Ir a saludar a alguien ~ *To go and say hello to someone.*
Ir a tierra (desembarcar) ~ *To go on shore.*
Ir a toda velocidad ~ *To travel at full speed.*
Ir a tomar algo ~ *To go for a drink.*
Ir a tomar el té ~ *To go to tea.*
Ir a trabajar ~ *To go to work.*
Ir a trabajar en autobús ~ *To go to work by bus.*
Ir a través del bosque ~ *To go through the wood.*
Ir a un lugar ~ *To go to a place.*
Ir a ver escaparates ~ *To go window-shopping.*
Ir a visitar a alguien ~ *To call on someone.*
Ir a visitar Londres ~ *To go on a visit to London.*
Ir al asunto ~ *To get to the point.*
Ir al baile ~ *To go to a dance.*
Ir al campo ~ *To go to the country.*
Ir al cine ~ *To go to the cinema.*
Ir al dentista ~ *To go to the dentist.*
Ir al exilio ~ *To go into exile.*
Ir al extranjero ~ *To go abroad.*

·Ir al fútbol ~ *To go to a football match.*
Ir al galope ~ *To go at a gallop / To gallop.*
Ir al grano ~ *To come to the point.*
Ir al mar (embarcarse) ~ *To go to sea.*
Ir al médico ~ *To go to the doctor.*
Ir al mercado ~ *To go to (the) market.*
Ir al mismo paso que alguien ~ *To keep pace with someone.*
Ir al norte ~ *To go north.*
Ir al parque ~ *To go to the park.*
Ir al sastre a probarse ~ *To go to the tailor for a fitting.*
Ir al sur ~ *To go south.*
Ir al trabajo ~ *To go to work.*
Ir andando a casa ~ *To walk home.*
Ir andando a la escuela ~ *To walk to school.*
Ir andando a la oficina ~ *To walk to the office.*
Ir bien (algo) ~ *To go right / To go well.*
Ir bien (un reloj) ~ *To keep good time.*
Ir bien vestido ~ *To dress well.*
Ir cogiendo el gusto a algo ~ *To get to like something.*
Ir como un reloj ~ *To go like clock-work.*
Ir con cuidado ~ *To be careful.*
Ir con destino a ~ *To be bound for.*
Ir con exigencias a alguien ~ *To make demands on someone.*
Ir con los tiempos ~ *To move with the times.*
Ir con miedo ~ *To be afraid.*
Ir con rumbo a ~ *To be bound for.*
Ir contra la corriente ~ *To go against the tide / To swim
    against the tide.*
Ir corriendo a casa ~ *To run home.*
Ir corriente abajo ~ *To go downstream.*
Ir corriente arriba ~ *To go upstream.*
Ir de acá para allá ~ *To walk up and down.*
Ir de casa en casa ~ *To go from house to house.*
Ir de caza ~ *To go hunting / To go shooting.*
Ir de compras ~ *To go shopping.*
Ir de escaparates ~ *To go window shopping.*
Ir de excursión ~ *To go on an excursion.*

Ir de Londres a Bath ~ *To go from London to Bath.*
Ir de mal en peor ~ *To go from bad to worse.*
Ir de paseo ~ *To go for a walk.*
Ir de pesca ~ *To go fishing.*
Ir de puerta en puerta ~ *To go from door to door.*
Ir de tiendas ~ *To go shopping.*
Ir de un lado para otro ~ *To walk about / To go from one side
    to the other.*
Ir de vacaciones ~ *To go on holiday / To go for a holiday.*
Ir de vacaciones a Málaga ~ *To go to Malaga on holiday.*
Ir de viaje ~ *To go on a journey.*
Ir de viaje a un lugar ~ *To travel to a place.*
Ir del brazo ~ *To walk arm-in-arm.*
Ir descalzo ~ *To go barefoot.*
Ir desnudo ~ *To have nothing on.*
Ir despacio ~ *To go slowly.*
Ir directamente a casa ~ *To go straight home.*
Ir directamente a un lugar ~ *To go straight to a place.*
Ir en aumento ~ *To be on the increase.*
Ir en autobús ~ *To go by bus.*
Ir en avión ~ *To go by plane / To travel by air.*
Ir en avión a Londres ~ *To fly to London.*
Ir en ayuda de alguien ~ *To go to the aid of someone / To go
    to someone's assistance.*
Ir en barco ~ *To go by ship.*
Ir en bicicleta ~ *To go by bicycle.*
Ir en busca de ~ *To go in search of.*
Ir en coche ~ *To go by car.*
Ir en coche a la ciudad ~ *To drive to (the) town.*
Ir en coche a Londres ~ *To drive to London / To go to
    London by car.*
Ir en dirección a ~ *To go in the direction of.*
Ir en la misma dirección ~ *To go in the same direction.*
Ir en metro ~ *To go by underground.*
Ir en moto ~ *To go by motor-bike.*
Ir en pos de alguien (persiguiendo) ~ *To be after someone.*
Ir en taxi ~ *To go by taxi.*

Ir en tren ~ *To go by train.*
Ir hacia adelante ~ *To go forwards.*
Ir hacia atrás ~ *To go backwards.*
Ir hacia la derecha ~ *To go to the right.*
Ir hacia la izquierda ~ *To go to the left.*
Ir hacia un lugar ~ *To go towards a place.*
Ir lejos ~ *To go a long way.*
Ir limpiando lo que alguien ensucia ~ *To clean up after someone.*
Ir mal (algo) ~ *To go wrong.*
Ir más lejos ~ *To go farther.*
Ir para viejo ~ *To be getting old.*
Ir por algo ~ *To fetch something.*
Ir por carretera ~ *To go by road.*
Ir por el camino más corto ~ *To go the shortest way / To go the quickest way.*
Ir por la calle ~ *To go along the street.*
Ir por la carretera ~ *To go along the road.*
Ir por la derecha ~ *To keep to the right.*
Ir por la izquierda ~ *To keep to the left.*
Ir por mal camino ~ *To go astray.*
Ir por mar ~ *To go by sea.*
Ir por partes ~ *To proceed step by step / To go bit by bit.*
Ir por una curva ~ *To go round a bend.*
Ir primero ~ *To lead the way / To go first.*
Ir retrasado en los pagos ~ *To be in arrears with payments.*
Ir rumbo a un lugar ~ *To be bound for a place.*
Ir sobre ruedas ~ *To run on wheels / To go smoothly.*
Ir sobre seguro ~ *To be on safe ground.*
Ir tierra adentro ~ *To go inland.*
Ir tirando ~ *To rub along.*
Ir tras algo ~ *To go after something.*
Ir tras alguien ~ *To go after someone.*
Ir uno atrasado en el trabajo ~ *To be behind in one's work.*
Ir vestido de negro ~ *To be dressed in black.*
Ir viviendo ~ *To get along.*
Ir y volver ~ *To go there and back / To go and come back.*

Ir y volver en una hora ~ *To go there and back in an hour.*
Irle bien a uno (prosperar) ~ *To get on in the world / To get on well / To be getting on well.*
Irritado por algo ~ *Irritated at something.*
Irritar a alguien ~ *To make someone angry / To irritate someone.*
Irrumpir en un lugar ~ *To burst into a place.*
Irse a casa ~ *To go home.*
Irse a dormir ~ *To go to bed.*
Irse a pique (un barco) ~ *To sink.*
Irse a pique (un negocio) ~ *To fail.*
Irse abajo ~ *To fall down / To collapse.*
Irse de copas ~ *To go out drinking.*
Irse de permiso ~ *To go on leave.*
Irse de un hotel (después de pagar) ~ *To check out.*
Irse de vacaciones ~ *To go away for a holiday.*
Irse una semana de vacaciones ~ *To go for a week's holiday.*
Irsele a uno la cabeza ~ *To become dizzy.*
Izar una bandera ~ *To hoist a flag / To fly a flag.*

J

Jactarse de algo ~ *To boast of something.*
Jactarse de hacer algo ~ *To boast of doing something.*
Jamás en la vida ~ *Never in all my life.*
Jugar a las cartas ~ *To play cards.*
Jugar al ajedrez ~ *To play chess.*
Jugar al escondite ~ *To play hide-and-seek.*
Jugar al fútbol ~ *To play football.*
Jugar al tenis ~ *To play tennis.*
Jugar con fuego ~ *To play with fire.*
Jugar con una pelota ~ *To play with a ball.*
Jugar limpio ~ *To play fair.*
Jugar un gran papel ~ *To play a great part.*
Jugarse el todo por el todo ~ *To stake all / To risk everything.*
Juntar pedazos (de algo roto) ~ *To piece together.*
Junto a ~ *Next to.*
Junto a la ventana ~ *At the window / Next to the window.*
Junto al borde del agua ~ *At the water's edge.*
Junto con ~ *Together with.*
Jurar el cargo ~ *To take the oath of office.*
Justamente a tiempo ~ *Just in time.*
Justamente ahora ~ *Just now.*
Justamente al lado del mar ~ *Right by the sea.*
Justamente como yo ~ *Just like me.*
Justamente delante ~ *Just in front.*
Justamente después de comer ~ *Right after lunch.*
Justamente en medio ~ *Just in the middle.*
Justamente enfrente ~ *Just opposite.*
Justo en el momento oportuno ~ *None too soon.*
Juzgar a alguien por algo ~ *To judge someone by something.*
Juzgar apresuradamente ~ *To jump to conclusions.*
Juzgar por las apariencias ~ *To judge from appearances.*

L

La carretera de Barcelona ~ *The road to Barcelona.*
La casa de al lado ~ *The house next door.*
La cosa es que ~ *The fact is that / The thing is that.*
La hora de la verdad ~ *The moment of truth.*
La mañana siguiente ~ *The following morning / The next
    morning.*
La mayor parte de ellos ~ *Most of them.*
La mayor parte del tiempo ~ *Most of the time.*
La mitad de abajo ~ *The bottom half.*
La mitad de arriba ~ *The top half.*
La mitad de ellos ~ *Half of them.*
La mitad de la población ~ *Half of the population.*
La noche anterior ~ *The previous night / The night before.*
La noche del diez de julio ~ *On the night of the tenth of July.*
La noche entera ~ *All night long.*
La parte de abajo ~ *The bottom part.*
La parte de arriba ~ *The top part.*
La penúltima vez ~ *The time before last.*
La primera vez ~ *The first time.*
La próxima vez ~ *Next time.*
La próxima vez que ~ *The next time (that).*
La pura verdad ~ *The plain truth.*
La semana antepasada ~ *The week before last.*
La semana pasada ~ *Last week.*
La semana que viene ~ *Next week.*
La semana siguiente ~ *The following week.*
La semana siguiente a la próxima ~ *The week after next.*
La tarde siguiente ~ *The following evening / The next
    evening.*
La última fila ~ *The back row.*
La última vez ~ *Last time.*

La última vez que ~ *The last time (that).*
La verdad es ~ *The truth is.*
Ladrar a alguien ~ *To bark at someone.*
Lamentarse por algo ~ *To regret something.*
Lamentarse por lo que no tiene remedio ~ *To cry over spilt milk.*
Lanzar a alguien una mirada de desprecio ~ *To give someone a contemptuous look.*
Lanzar algo a alguien (con ánimo de darle) ~ *To throw something at someone.*
Lanzar algo a alguien (para que la coja) ~ *To throw something to someone.*
Lanzar una indirecta ~ *To drop a hint.*
Lanzarse sobre alguien ~ *To throw oneself at someone.*
Las altas horas de la madrugada ~ *The small hours.*
Las cosas van mejor ~ *Things are going better / Things are improving.*
Lastimarse un brazo ~ *To hurt one's arm.*
Lavar los platos ~ *To do the washing-up / To wash up.*
Lavar una mancha ~ *To wash a stain out.*
Lavarse la cabeza ~ *To wash one's hair.*
Lavarse las manos ~ *To wash one's hands.*
Lavarse los dientes ~ *To brush one's teeth.*
Leal a una causa ~ *Loyal to a cause.*
Leer a Shakespeare en versión original ~ *To read Shakespeare in the original.*
Leer acerca de algo ~ *To read about something.*
Leer algo a alguien ~ *To read something to someone / To read someone something.*
Leer algo en alta voz ~ *To read something aloud / To read something out loud.*
Leer algo en un libro ~ *To read something in a book.*
Leer algo para uno ~ *To read something to oneself.*
Leer en voz alta a la clase ~ *To read out to the class.*
Leer sobre algo ~ *To read about something.*
Leer un párrafo a alguien ~ *To read a passage to someone.*
Leer una lista (en voz alta) ~ *To read out a list.*

Leerse un libro de cabo a rabo ~ *To read a book right through / To read a book from end to end.*
Lejos de casa ~ *Far from home.*
Lejos de la casa ~ *A long way from the house.*
Lejos de ser feliz ~ *Far from being happy.*
Levantar a alguien de la cama ~ *To make someone get up.*
Levantar algo ~ *To lift something up.*
Levantar el ánimo a alguien ~ *To cheer up someone.*
Levantar el brazo ~ *To lift one's arm up / To raise one's arm.*
Levantar la mano ~ *To hold up one's hand / To raise one's hand.*
Levantar la voz ~ *To raise one's voice.*
Levantar las cejas ~ *To raise one's eyebrows.*
Levantar una tienda de campaña ~ *To put up a tent.*
Levantarse de la cama ~ *To get out of bed / To get up.*
Levantarse de la mesa ~ *To get up from the table / To leave the table.*
Levantarse de madrugada ~ *To get up very early.*
Levantarse de un salto ~ *To jump up / To spring to one's feet.*
Levantarse de una silla ~ *To rise from a chair / To get up from a chair.*
Levantarse del suelo ~ *To get up from the floor.*
Levantarse el sombrero ~ *To raise one's hat.*
Levantarse en contra de alguien ~ *To rise against someone.*
Levantarse pronto ~ *To get up early.*
Levantarse tarde ~ *To get up late.*
Liberar a alguien ~ *To set someone free / To free someone.*
Librarse de algo ~ *To get rid of something.*
Librarse de alguien ~ *To get rid of someone.*
Librarse de hacer algo ~ *To get out of doing something.*
Libre de culpa ~ *Free from blame.*
Libre de daño ~ *Safe from harm / Undamaged.*
Libre de preocupación ~ *Free from care.*
Libre de toda sospecha ~ *Free of suspicion.*
Licenciarse (en la unversidad) ~ *To take one's degree.*
Limitarse a hacer algo ~ *To confine oneself to doing something.*

Limpiar el polvo de los muebles ~ *To dust the furniture.*
Limpiar la habitación ~ *To clean up the room.*
Limpiarse la nariz ~ *To wipe one's nose.*
Limpiarse los zapatos (hacérselos limpiar) ~ *To have one's shoes polished.*
Limpiarse los zapatos (uno mismo) ~ *To polish one's shoes.*
Lindar con ~ *To border on.*
Liquidar una cuenta ~ *To settle an account.*
Liquidar una deuda ~ *To pay off a debt.*
Listo (inteligente) para hacer algo ~ *Clever at doing something.*
Listo (preparado) para hacer algo ~ *Ready to do something.*
Llamada de socorro ~ *Call for help.*
Llamar a alguien ~ *To call someone.*
Llamar a alguien a voces ~ *To shout to someone.*
Llamar a alguien con un silbido ~ *To whistle to someone.*
Llamar a alguien para que baje ~ *To call someone down.*
Llamar a alguien para que entre ~ *To call someone in.*
Llamar a alguien para que salga ~ *To call someone out.*
Llamar a alguien para que suba ~ *To call someone up.*
Llamar a alguien por su nombre ~ *To call someone's name.*
Llamar a alguien por teléfono ~ *To ring someone up / To give someone a ring / To call someone up.*
Llamar a gritos ~ *To call loudly / To shout.*
Llamar a la puerta ~ *To knock on the door / To knock at the door.*
Llamar a la puerta con golpecitos ~ *To tap lightly on the door.*
Llamar a la puerta suavemente ~ *To knock gently on the door.*
Llamar a un médico ~ *To call (in) a doctor.*
Llamar a un taxi ~ *To call a taxi / To hail a taxi.*
Llamar al ascensor ~ *To call the lift.*
Llamar al orden ~ *To call to order.*
Llamar al timbre ~ *To ring the bell.*
Llamar al timbre de la puerta ~ *To ring the door-bell.*
Llamar la atención ~ *To attract attention.*

Llamar la atención de alguien ~ *To attract someone's attention.*
Llamar por teléfono ~ *To make a telephone call.*
Llamar por teléfono a alguien ~ *To ring someone up / To give someone a ring / To call someone up.*
Llamar por teléfono al hotel ~ *To ring up the hotel / To phone the hotel.*
Llamar por teléfono al médico ~ *To ring for the doctor.*
Llegar a casa ~ *To arrive home / To get home / To reach home.*
Llegar a conocer a alguien ~ *To get to know someone.*
Llegar a España ~ *To arrive in Spain.*
Llegar a fin de mes ~ *To make ends meet.*
Llegar a la estación ~ *To arrive at the station.*
Llegar a la oficina ~ *To arrive at the office.*
Llegar a las manos (pegarse) ~ *To come to blows.*
Llegar a las siete ~ *To arrive at seven o'clock.*
Llegar a Londres ~ *To get to London / To arrive in London / To reach London.*
Llegar a los sesenta ~ *To reach sixty.*
Llegar a oídos de alguien ~ *To come to someone's notice.*
Llegar a saber algo ~ *To come to know something.*
Llegar a ser rico ~ *To grow rich.*
Llegar a su fin ~ *To come to a close / To come to an end.*
Llegar a su punto cumbre ~ *To reach its peak.*
Llegar a tiempo ~ *To come on time.*
Llegar a tiempo de hacer algo ~ *To be in time to do something.*
Llegar a un acuerdo ~ *To come to an agreement / To reach an agreement.*
Llegar a un acuerdo sobre algo ~ *To come to an agreement about something.*
Llegar a un lugar ~ *To get to a place.*
Llegar a una conclusión ~ *To arrive at a conclusion.*
Llegar a una conclusión sin reflexionar ~ *To jump to conclusions.*
Llegar al fin de algo ~ *To come to the end of something.*

Llegar al fondo del asunto ~ *To get to the bottom of the matter.*

Llegar cinco minutos tarde ~ *To arrive five minutes late.*

Llegar con anticipación ~ *To arrive ahead of time / To arrive in good time / To arrive early.*

Llegar con tiempo ~ *To arrive in good time.*

Llegar de un lugar ~ *To arrive from a place.*

Llegar el último ~ *To arrive last.*

Llegar en punto ~ *To arrive on time / To be on time.*

Llegar hasta el punto de hacer algo ~ *To go to the length of doing something / To go so far as to do something.*

Llegar inesperadamente ~ *To arrive unexpectedly.*

Llegar pronto ~ *To be early.*

Llegar puntualmente ~ *To arrive on time / To arrive punctually.*

Llegar tarde ~ *To be late.*

Llegar tarde a algún sitio ~ *To arrive late somewhere.*

Llegar tarde a la escuela ~ *To be late for school.*

Llegar tarde a tomar el tren ~ *To be too late to catch the train.*

Llegar tarde a trabajar ~ *To be late for work.*

Llegar temprano ~ *To be early.*

Llegar uno a su destino ~ *To reach one's destination.*

Llena un cubo de agua ~ *To fill a bucket with water.*

Llenar un hueco ~ *To fill a gap.*

Llenar un vaso ~ *To fill a glass.*

Llenar un vaso hasta el borde ~ *To fill up a glass / To fill a glass to the brim.*

Llenar una botella de agua ~ *To fill a bottle with water.*

Lleno a rebosar ~ *Full to overflowing.*

Lleno de ~ *Full of / Filled with.*

Lleno de deudas ~ *Deeply in debt.*

Lleno de entusiasmo ~ *Full of enthusiasm.*

Lleno de gente (un lugar) ~ *Crowded with people.*

Lleno de vino (un vaso) ~ *Full of wine / Filled with wine.*

Lleno hasta el borde ~ *Full to the brim.*

Llevar a alguien a casa ~ *To take someone home.*
Llevar a alguien a casa en coche ~ *To drive someone home.*
Llevar a alguien a dar un paseo ~ *To take someone for a
    walk.*
Llevar a alguien a dar un paseo en coche ~ *To take someone
    for a drive in a car.*
Llevar a alguien a juicio ~ *To sue someone.*
Llevar a alguien al cine ~ *To take someone to the cinema.*
Llevar a alguien aparte ~ *To take someone aside.*
Llevar a alguien de la mano ~ *To lead someone by the hand.*
Llevar a alguien de paseo ~ *To take someone for a walk.*
Llevar a alguien en coche ~ *To give someone a lift.*
Llevar a cabo un plan ~ *To carry out a plan.*
Llevar a cabo una tarea ~ *To carry out a task.*
Llevar a cuestas ~ *To carry on one's back.*
Llevar a efecto ~ *To put into effect.*
Llevar a término ~ *To bring to a close.*
Llevar adelanto ~ *To be ahead.*
Llevar al altar ~ *To lead to the altar.*
Llevar algo a alguien ~ *To take something to someone.*
Llevar algo a algún sitio ~ *To carry something somewhere.*
Llevar algo a casa ~ *To take something home.*
Llevar algo a cuestas ~ *To carry something on one's back.*
Llevar algo adelante ~ *To carry something out / To go ahead
    with something.*
Llevar algo consigo ~ *To carry something about / To have
    something on one.*
Llevar algo puesto (ropa) ~ *To have something on.*
Llevar el compás ~ *To beat time.*
Llevar el pelo largo ~ *To have long hair.*
Llevar el trabajo atrasado ~ *To be behind with one's work.*
Llevar gafas ~ *To wear glasses.*
Llevar la cuenta ~ *To keep account.*
Llevar la mejor parte ~ *To get the best of it.*
Llevar la peor parte ~ *To get the worst of it.*
Llevar los pantalones (mandar) ~ *To wear the trousers.*
Llevar luto por alguien ~ *To mourn for someone.*

Llevar mucho tiempo (tardar) ~ *To take a long time.*
Llevar un abrigo ~ *To have a coat on / To wear an overcoat.*
Llevar un collar ~ *To wear a necklace.*
Llevar un negocio ~ *To run a business.*
Llevar un paquete ~ *To carry a parcel.*
Llevar un pijama ~ *To wear pyjamas.*
Llevar un reloj en la muñeca ~ *To wear a watch on one's
     wrist.*
Llevar un vestido ~ *To wear a dress / To have a dress on.*
Llevar una bandera ~ *To carry a flag.*
Llevar una conversación ~ *To carry on a conversation.*
Llevar una cosa demasiado lejos ~ *To carry a thing too far.*
Llevar una maleta del asa ~ *To carry a case by the handle.*
Llevar una vida dura ~ *To live a hard life.*
Llevar una vida tranquila ~ *To live a quiet life.*
Llevarle la corriente a alguien ~ *To humour someone.*
Llevarse algo ~ *To take something away.*
Llevarse algo de un lugar ~ *To take something away from a
     place.*
Llevarse bien ~ *To get on well together.*
Llevarse bien con alguien ~ *To get on well with someone / To
     be on good terms with someone.*
Llevarse mal ~ *To get on badly together.*
Llevarse mal con alguien ~ *To get on badly with someone /
     To be on bad terms with someone.*
Llevarse un chasco ~ *To get a big disappointment.*
Llevarse un desengaño ~ *To be disappointed.*
Llevarse un disgusto ~ *To be upset.*
Llevarse un premio ~ *To win a prize.*
Llevarse un susto ~ *To get a fright / To get a shock.*
Llevarse un vaso a los labios ~ *To put a glass to one's lips.*
Llevarse una gran sorpresa ~ *To get a big surprise.*
Llorar a lágrima viva ~ *To have a good cry.*
Llorar amargamente ~ *To shed bitter tears / To cry bitterly.*
Llorar de alegría ~ *To weep for joy.*
Llorar de risa ~ *To laugh until one cries.*
Llorar la muerte de alguien ~ *To mourn for someone.*

Llorar por alguien ~ *To weep for someone / To cry for someone.*
Llover a cántaros ~ *To pour down.*
Llover intensamente ~ *To rain hard / To rain heavily.*
Llover ligeramente ~ *To rain slightly.*
Llover sin parar ~ *To rain steadily.*
Llueva o haga sol ~ *Rain or shine.*
Lo antes posible ~ *As soon as possible.*
Lo cierto es que ~ *The fact is that.*
Lo demás ~ *The rest.*
Lo malo es que ~ *The problem is that / The trouble is that.*
Lo más pronto ~ *At the earliest.*
Lo más pronto posible ~ *As soon as possible.*
Lo más sencillo posible ~ *As simple as possible.*
Lo más tarde ~ *At the latest.*
Lo más temprano ~ *At the earliest.*
Lo mejor que uno pueda ~ *To the best of one's ability / As best one can.*
Lo mismo ~ *The same.*
Lo mismo da ~ *It's the same / It makes no difference.*
Lo mismo me da ~ *It's all the same to me.*
Lo mismo que ayer ~ *The same as yesterday.*
Lo opuesto a ~ *The opposite of.*
Lo primero es lo primero ~ *First things first.*
Lo que pasa es que ~ *The thing is that.*
Lo siguiente que hay que hacer es ~ *The next thing to do is (to).*
Lo toma o lo deja ~ *Take it or leave it.*
Loco de amor ~ *Madly in love.*
Loco de impaciencia ~ *Wild with impatience.*
Loco de remate ~ *As mad as a hatter.*
Loco para pensar tal cosa ~ *Out of one's mind to think of such a thing.*
Loco por algo ~ *Mad about something.*
Loco por alguien ~ *Mad about someone.*
Lograr hacer algo ~ *To succeed in doing something / To manage to do something.*

Lograr una buena nota (en un examen) ~ *To get a good mark.*
Los domingos ~ *On Sundays.*
Los dos ~ *Both of them.*
Los lunes por la mañana ~ *On Monday mornings.*
Los pasados días ~ *The past few days.*
Los pros y los contras ~ *The pros and cons.*
Los restantes ~ *All the others.*
Los sábados por la tarde ~ *On Saturday afternoons / On Saturday evenings.*
Los tres anteriores ~ *The previous three / The three before.*
Los tres primeros ~ *The first three.*
Los vecinos de al lado ~ *The people next door.*
Lucha a muerte ~ *Fight to the death.*
Luchar a brazo partido ~ *To fight hand-to-hand.*
Luchar al lado de ~ *To fight on the side of.*
Luchar con ~ *To fight with / To fight against.*
Luchar contra una fuerza superior ~ *To fight against heavy odds.*
Luchar cuerpo a cuerpo ~ *To fight hand-to-hand.*
Luchar hasta el último hombre ~ *To fight to the last.*
Luchar por algo ~ *To fight for something / To fight over something.*
Luchar uno contra otro ~ *To fight with one another.*

M

Mal colocado ~ *In the wrong place / Badly placed.*
Mal hecho ~ *Badly done.*
Mal que bien ~ *Somehow.*
Malgastar dinero ~ *To waste money.*
Malgastar tiempo ~ *To waste time.*
Malgastar un tiempo precioso ~ *To waste precious time.*
Malgastar una fortuna ~ *To squander a fortune.*
Manchado de tinta ~ *Stained with ink / Ink-stained.*
Manchar algo ~ *To dirty something / To get something dirty.*
Manchar una camisa ~ *To stain a shirt / To get a shirt dirty.*
Mandar a alguien a paseo ~ *To send someone packing.*
Mandar a por algo ~ *To send for something.*
Mandar algo a alguien ~ *To send someone something /*
     To send something to someone.
Mandar algo por correo ~ *To send something by post.*
Mandar cartas ~ *To send letters / To post letters.*
Mandar llamar al médico ~ *To send for the doctor.*
Mandar pasar a alguien ~ *To call someone in.*
Mandar pasar a alguien a la habitación ~ *To call someone*
     into the room.
Mandar por algo ~ *To send for something.*
Mandar recado ~ *To send word.*
Mandar un mensaje a alguien ~ *To send someone a message /*
     To send a message to someone.
Mandar una carta ~ *To send a letter.*
Mandar una carta a alguien ~ *To post a letter to someone.*
Mandar venir a alguien ~ *To send for someone.*
Mandar volver a alguien ~ *To call someone back.*
Manejar algo con cuidado ~ *To handle something with care.*
Manga por hombro ~ *Messy and untidy.*
Manos a la obra! ~ *Let's get to work!*

Mantener a alguien a distancia ~ *To keep someone away.*
Mantener a alguien a raya ~ *To keep someone in their place.*
Mantener a una familia ~ *To keep a family.*
Mantener al corriente ~ *To keep up to date.*
Mantener buenas relaciones con alguien ~ *To keep in with someone.*
Mantener correspondencia con alguien ~ *To correspond with someone.*
Mantener el equilibrio ~ *To keep one's balance.*
Mantener el orden ~ *To keep order.*
Mantener guardado ~ *To keep concealed.*
Mantener la calma ~ *To keep one's head.*
Mantener la clase en orden ~ *To keep the class in order.*
Mantener la ley y el orden ~ *To keep law and order.*
Mantener la paz ~ *To keep the peace.*
Mantener la respiración ~ *To hold one's breath.*
Mantener las apariencias ~ *To keep up appearances.*
Mantener su palabra ~ *To keep one's word.*
Mantener una promesa ~ *To keep a promise.*
Mantenerse a distancia ~ *To keep oneself at a distance.*
Mantenerse a la derecha (tráfico) ~ *To keep to the right.*
Mantenerse a la izquierda (tráfico) ~ *To keep to the left.*
Mantenerse alejado de ~ *To keep away from.*
Mantenerse alerta ~ *To stay on the alert.*
Mantenerse apartado ~ *To stand off.*
Mantenerse cerca ~ *To stay nearby.*
Mantenerse distanciado ~ *To stand off / To keep away.*
Mantenerse en comunicación con ~ *To keep in touch with.*
Mantenerse en forma ~ *To keep fit.*
Mantenerse en sus trece ~ *To stick to one's guns.*
Mantenerse firme ~ *To stand fast.*
Mantenerse quieto ~ *To keep still.*
Mantenerse unidos ~ *To keep together.*
Mañana a estas horas ~ *This time tomorrow.*
Mañana a más tardar ~ *Tomorrow at the latest.*
Mañana por la mañana ~ *Tomorrow morning.*
Mañana por la mañana temprano ~ *Early tomorrow morning.*

Mañana por la noche ~ *Tomorrow night.*

Mañana por la tarde ~ *Tomorrow afternoon / Tomorrow evening.*

Mañana sin falta ~ *Tomorrow without fail.*

Mar adentro ~ *Out at sea.*

Maravillarse de algo ~ *To wonder at something.*

Marcar el compás ~ *To beat time.*

Marcar un número (teléfono) ~ *To dial a number.*

Marcar un tanto ~ *To score a goal.*

Marchar en fila de a dos ~ *To walk two by two / To walk two abreast.*

Marchar hombro con hombro ~ *To march shoulder to shoulder.*

Marcharse de casa ~ *To leave home.*

Marcharse de un lugar ~ *To go away from a place / To get away from a place / To leave a place.*

Marcharse de vacaciones ~ *To go away for a holiday.*

Marcharse de viaje ~ *To go on a journey.*

Marearse en un avión ~ *To get air-sick.*

Marearse en un barco ~ *To get sea-sick.*

Más a la derecha ~ *Further to the right.*

Más a la izquierda ~ *Further to the left.*

Más abajo ~ *Further down.*

Más adelante ~ *Further forward.*

Más alto que nunca ~ *Higher than ever.*

Más arriba ~ *Further up.*

Más atrás ~ *Further back.*

Más bien ~ *Rather.*

Más claro que el agua ~ *As clear as crystal.*

Más de diez personas ~ *Over ten people / More than ten people.*

Más de un millón ~ *Over a million.*

Más de una vez ~ *More than once.*

Más gente que nunca ~ *More people than ever.*

Más hacia adelante ~ *Further forwards.*

Más hacia atrás ~ *Further backwards.*

Más hacia la derecha ~ *Further to the right.*

Más hacia la izquierda ~ *Further to the left.*
Más o menos ~ *More or less.*
Más que suficiente ~ *More than enough.*
Más tarde ~ *Later on.*
Más tarde o más temprano ~ *Sooner or later.*
Más vale hacer algo ~ *It is better to do something.*
Más y más rápido ~ *Faster and faster.*
Matar a alguien ~ *To kill someone / To do away with someone.*
Matar a alguien a disgustos ~ *To break someone's heart.*
Matar a alguien de un golpe ~ *To strike someone dead.*
Matar a alguien de un susto ~ *To frighten someone to death.*
Matar a alguien de un tiro ~ *To shoot someone dead.*
Matar a tiros ~ *To shoot dead.*
Matar el tiempo ~ *To kill time.*
Matarse a trabajar ~ *To work oneself to death.*
Matarse en un accidente ~ *To be killed in an accident.*
Me apuesto lo que quieras ~ *I bet you anything.*
Me cuesta creerlo ~ *I find that hard to believe.*
Me da igual ~ *It makes no difference to me.*
Me han dicho que ~ *I've been told that.*
Media hora más tarde ~ *Half an hour later.*
Media vuelta! ~ *About turn!*
Mediante el pago de 100 libras ~ *On payment of 100 pounds.*
Mediante petición ~ *On demand.*
Mediante solicitud ~ *On application / On request.*
Medio dentro y medio fuera ~ *Half in and half out.*
Medio dormido ~ *Half-asleep.*
Medio limón ~ *Half a lemon.*
Medio lleno ~ *Half-full.*
Medio riendo, medio llorando ~ *Half laughing, half crying.*
Meditar algo ~ *To think something over.*
Mejor aún ~ *Better still / Even better.*
Mejor dicho ~ *Rather.*
Mejor que mejor ~ *So much the better.*
Mejor que nada ~ *Better than nothing.*
Mejorando lo presente ~ *Present company excepted.*

Mencionado anteriormente ~ *Afore-mentioned.*

Mencionar algo a alguien ~ *To mention something to someone.*

Mencionar algo en presencia de alguien ~ *To mention something in someone's hearing.*

Mencionar un asunto brevemente ~ *To touch on a matter.*

Menear la cabeza ~ *To shake one's head.*

Menos mal que ~ *Just as well that.*

Mentir a alguien ~ *To lie to someone.*

Merecer la pena ~ *To be worthwhile.*

Merecer la pena hacerse ~ *To be worth doing.*

Mes tras mes ~ *Month after month.*

Meter a alguien en la cárcel ~ *To put someone in jail / To put someone in prison / To jail someone.*

Meter a alguien preso por robar ~ *To send someone to prison for stealing.*

Meter a un niño en la cama ~ *To put a child to bed.*

Meter algo a través de una abertura ~ *To put something through an opening.*

Meter algo en una caja ~ *To put something in(to) a box.*

Meter baza ~ *To put one's oar in.*

Meter cizaña ~ *To sow discord.*

Meter el coche en el garaje reculando ~ *To back the car into the garage.*

Meter gol de un cabezazo ~ *To head the ball into goal.*

Meter la pata ~ *To put one's foot in it.*

Meter prisa a alguien ~ *To hurry someone up.*

Meter prisa a alguien para que haga algo ~ *To hurry someone into doing something.*

Meter ruido ~ *To make a noise.*

Meter un vestido ~ *To take in a dress.*

Meterse con alguien ~ *To pick up a quarrel with someone.*

Meterse debajo de la cama ~ *To get under the bed.*

Meterse en asuntos ajenos ~ *To meddle with other people's affairs.*

Meterse en deudas ~ *To get into debt.*

Meterse en dificultades ~ *To get into difficulties.*

Meterse en el baño ~ *To get into the bath.*
Meterse en jaleos ~ *To get into trouble.*
Meterse en la cama ~ *To get into bed.*
Meterse en líos ~ *To get into trouble.*
Meterse en negocios ~ *To get into business.*
Meterse en un coche ~ *To get into a car.*
Metérsele a uno una idea en la cabeza ~ *To get an idea into
     one's head.*
Mezclar a alguien en un asunto ~ *To involve someone in a
     matter.*
Mezclar todo ~ *To mix everything up.*
Mezclarse en algo ~ *To get involved in something.*
Mezclarse entre la gente ~ *To mingle with the crowd.*
Mientras estaba fuera ~ *While I was away / While I was out.*
Mientras tanto ~ *In the meantime / Meanwhile.*
Mirar a alguien ~ *To look at someone.*
Mirar a alguien a la cara ~ *To look someone in the face.*
Mirar a alguien con cara de pocos amigos ~ *To look grimly
     at someone.*
Mirar a alguien de arriba abajo ~ *To look someone up and
     down.*
Mirar a alguien de soslayo ~ *To look sidelong at someone.*
Mirar a alguien fijamente ~ *To stare at someone.*
Mirar a la derecha ~ *To look right / To look to the right.*
Mirar a la izquierda ~ *To look left / To look to the left.*
Mirar a un lado y otro de la calle al cruzar ~ *To look both
     ways before crossing the road.*
Mirar al suelo ~ *To look down at the floor.*
Mirar al techo ~ *To look up at the ceiling.*
Mirar algo ~ *To look at something / To have a look at
     something.*
Mirar algo por encima ~ *To give something a quick look over
     / To look something over.*
Mirar algo sorprendido ~ *To look at something in surprise.*
Mirar alrededor ~ *To look about / To look around.*
Mirar cómo alguien hace algo ~ *To watch how someone does
     something / To watch someone doing something.*

Mirar de pies a cabeza a alguien ~ *To look someone up and down / To look someone over from head to foot.*

Mirar de reojo ~ *To look out of the corner of one's eye.*

Mirar dentro de una caja ~ *To look into a box / To look inside a box.*

Mirar directamente a alguien ~ *To look straight at someone.*

Mirar fijamente a alguien ~ *To stare at someone.*

Mirar hacia atrás ~ *To look back.*

Mirar hacia el futuro ~ *To look to the future.*

Mirar hacia un objeto ~ *To look towards an object.*

Mirar la hora ~ *To look at the time.*

Mirar la lluvia a través de la ventana ~ *To look through the window at the rain.*

Mirar por alguien ~ *To look after someone.*

Mirar por el encima del hombro a alguien ~ *To look over someone's shoulder.*

Mirar por el microscopio ~ *To look through the microscope.*

Mirar por encima un documento ~ *To glance over a document.*

Mirar por la habitación ~ *To look (a)round the room.*

Mirar por la ventana ~ *To look out of the window / To look through the window.*

Mirar por la ventana (desde fuera) ~ *To look in at the window / To look in through the window.*

Mirar por un agujero ~ *To look through a hole.*

Mirar una diapositiva al trasluz ~ *To hold a slide up to the light.*

Mirar una palabra en el diccionario ~ *To look up a word in the dictionary.*

Mirarse en el espejo ~ *To look at oneself in the mirror.*

Mirarse uno a otro ~ *To look at each other.*

Mojado hasta los huesos ~ *Soaked to the skin.*

Mojarse con la lluvia ~ *To get wet in the rain.*

Mojarse los pies ~ *To get one's feet wet.*

Moldeado en arcilla ~ *Moulded out of clay.*

Molestar a alguien ~ *To bother someone / To trouble someone.*

Molestarse en hacer algo ~ *To take the trouble to do
  something / To trouble to do something.*
Molestarse por algo (ofenderse) ~ *To get angry about
  something.*
Molesto por algo ~ *Annoyed at something.*
Montado en oro ~ *Set in gold.*
Montar a caballo ~ *To ride a horse / To ride on horseback.*
Montar en bicicleta ~ *To ride a bicycle.*
Montar en coche ~ *To ride in a car.*
Montar en cólera ~ *To fall into a rage / To fly into a rage /
  To fly into a temper / To get into a temper.*
Montar las piezas ~ *To assemble the parts.*
Montar un motor ~ *To put an engine together.*
Montones de veces ~ *Heaps of times.*
Morderse las uñas ~ *To bite one's nails.*
Morir a manos de ~ *To die at the hands of.*
Morir como moscas ~ *To die like flies.*
Morir con las botas puestas ~ *To die with one's boots on.*
Morir congelado ~ *To be frozen to death / To freeze to death.*
Morir de amor ~ *To die of love.*
Morir de hambre ~ *To die from hunger.*
Morir de inanición ~ *To die from want of food.*
Morir de muerte natural ~ *To die a natural death.*
Morir de muerte violenta ~ *To die a violent death.*
Morir de pena ~ *To die of a broken heart.*
Morir de sed ~ *To die of thirst.*
Morir de un fallo cardíaco ~ *To die of heart failure.*
Morir de una enfermedad ~ *To die of disease / To die of an
  illness.*
Morir de una herida ~ *To die from a wound.*
Morir de unas fiebres ~ *To die of fever.*
Morir en el intento ~ *To die in the attempt.*
Morir en servicio activo ~ *To die on active service.*
Morir envenenado ~ *To die of poisoning.*
Morir luchando en la guerra ~ *To die fighting in the war.*
Morir por algo ~ *To die for something.*
Morir por alguien ~ *To die for someone.*

Morir por comer demasiado ~ *To die from overeating / To die of eating too much.*

Morir por falta de alimento ~ *To die from want of food.*

Morir quemado ~ *To be burnt to death.*

Morirse de aburrimiento ~ *To be bored to death.*

Morirse de envidia ~ *To be green with envy / To be dying with envy.*

Morirse de frío ~ *To freeze to death.*

Morirse de hambre ~ *To starve to death.*

Morirse de miedo ~ *To be dying with fear.*

Morirse de repente ~ *To die suddenly.*

Morirse de viejo ~ *To die of old age.*

Morirse del susto ~ *To die of fright.*

Mostrar a alguien la salida ~ *To show someone the way out.*

Mostrar afecto a alguien ~ *To show someone affection.*

Mostrar algo a alguien ~ *To show someone something / To show something to someone.*

Mostrar el camino ~ *To show the way.*

Mostrar indiferencia a alguien ~ *To show indifference to someone.*

Mostrar interés por algo ~ *To show interest in something.*

Mostrar mucho interés por algo ~ *To show great interest in something.*

Mostrar respeto a alguien ~ *To show respect to someone.*

Mostrar señales de ~ *To show signs of.*

Mostrar sorpresa ~ *To show surprise.*

Moverse de un lado para otro ~ *To move from one side to the other.*

Moverse de un lugar a otro ~ *To move from place to place.*

Muchas gracias por venir ~ *Many thanks for coming.*

Muchas veces ~ *Very often / Lots of times / Many times.*

Mucho antes de Navidad ~ *Long before Christmas.*

Mucho después de Navidad ~ *Long after Christmas.*

Mucho mejor ~ *Far better / Much better.*

Mucho tiempo ~ *A long time.*

Mucho tiempo antes ~ *Long before / A long time before.*

Mucho tiempo después ~ *Long after / A long time after.*

Muchos de ellos ~ *Many of them.*
Mudar de semblante ~ *To change colour.*
Mudarse de casa ~ *To move house.*
Mudarse de casa (instalarse) ~ *To move in.*
Mudarse de casa (marcharse) ~ *To move out.*
Mudarse de ropa ~ *To change clothes.*
Multiplicar 5 por 3 ~ *To multiply 5 by 3.*
Muy a menudo ~ *Very often.*
Muy agradecido ~ *Much obliged.*
Muy al contrario ~ *Quite the contrary.*
Muy bien ~ *All right / Very well.*
Muy bueno ~ *Very good.*
Muy concurrido (un espectáculo) ~ *Well-attended.*
Muy de mañana ~ *Very early in the morning.*
Muy de noche ~ *Late at night.*
Muy entrada la mañana ~ *Well into the morning.*
Muy entrada la noche ~ *Well into the night.*
Muy interesado por algo ~ *Very interested in something.*
Muy lejos ~ *A long way off / Far away.*
Muy metido en el asunto ~ *Deeply involved in a matter.*
Muy ocupado (de trabajo) ~ *Very busy.*
Muy probablemente ~ *Very likely / Most likely.*
Muy pronto ~ *Before long / Before very long / Very soon.*
Muy puntual ~ *Very punctual.*
Muy separados ~ *Wide apart / Far apart.*

N

Nada de eso ~ *Nothing of the sort.*
Nada de nada ~ *Nothing at all.*
Nada de particular ~ *Nothing special.*
Nada en absoluto ~ *Nothing at all / Absolutely nothing.*
Nada más ~ *Nothing else.*
Nada más y nada menos ~ *No more, no less.*
Nadie más ~ *Nobody else.*
Nadie más que tú ~ *Nobody (else) but you.*
Navegar por el mar ~ *To sail on the sea.*
Navegar por los mares ~ *To sail the seas.*
Necesitar algo ~ *To need something / To be in need of
        something.*
Necesitar algo con urgencia ~ *To need something urgently /
        To want something urgently.*
Negar con la cabeza ~ *To shake one's head.*
Negar haber hecho algo ~ *To deny doing something.*
Negarse a hacer algo ~ *To refuse to do something.*
Negociar con alguien ~ *To do business with someone.*
Negociar la paz ~ *To negotiate for peace.*
Nervioso por algo ~ *Nervous about something.*
Nevar copiosamente ~ *To snow hard.*
Ni bien ni mal ~ *Neither good nor bad.*
Ni cosa que se le parezca ~ *Nor anything like it.*
Ni hablar de eso ~ *It's out of the question.*
Ni hablar! ~ *No way! / Not on your life!*
Ni pensarlo! ~ *Not a bit of it! / Not by any means!*
Ni pizca ~ *Not a bit.*
Ni que decir tiene ~ *It goes without saying / Needless to say.*
Ni rastro de ello ~ *No trace of it.*
Ni siquiera ~ *Not even.*
Ni tanto así ~ *Not even this much.*

Ni tanto ni tan calvo ~ *Neither one extreme nor the other.*
Ni una palabra ~ *Not a word.*
Ni una palabra más ~ *Not another word.*
Ni una vez siquiera ~ *Not even once.*
Ninguno de ellos ~ *None of them.*
No acabar de decidirse ~ *To be unable to make up one's mind.*
No acercarse al fuego ~ *To keep away from the fire.*
No admite viajeros ~ *No passengers.*
No andarse con rodeos ~ *To get straight to the point.*
No aprobar algo ~ *To disapprove of something.*
No apta para menores (film) ~ *Adults only.*
No cabe duda ~ *There's no doubt (about it).*
No castigar a alguien ~ *To let someone off.*
No cejar en algo ~ *Not to let up on something.*
No cumplir la palabra dada ~ *To break one's word.*
No cumplir una promesa ~ *To break a promise.*
No dar abasto a ~ *To be unable to cope (with) / To be unable to keep up (with).*
No dar el brazo a torcer ~ *Not to give in.*
No dar pie con bola ~ *Not to do a thing right.*
No darse por enterado ~ *To pretend not to understand.*
No decir nada ~ *To say nothing / Not to say anything.*
No dejar acercarse a alguien ~ *To keep someone away.*
No dejar cabos sueltos ~ *To tie up loose ends / To leave no loose ends.*
No dejar de hacer algo ~ *To keep on doing something.*
No dejar dormir a alguien ~ *To keep someone awake.*
No dejar duda alguna ~ *To leave no doubt.*
No dejar entrar a alguien ~ *To keep someone out.*
No dejar entrar algo ~ *To keep something out.*
No dejar nada imprevisto ~ *To leave nothing to chance.*
No dejar nada por hacer ~ *To leave nothing undone.*
No dejar salir a alguien ~ *To keep someone in.*
No dejar salir algo ~ *To keep something in.*
No dejes de hacerlo ~ *Be sure to do it.*
No despegar los labios ~ *Not to say a word.*

No dignarse a hacer algo ~ *Not to deign to do something.*
No dirigirse la palabra ~ *Not to be on speaking terms.*
No encontrar a nadie en casa ~ *To find nobody in / To find
    nobody (at) home.*
No encontrarse bien ~ *To feel unwell.*
No enfadarse ~ *To keep one's temper.*
No entender palabra ~ *Not to understand a single word.*
No es de extrañar ~ *No wonder.*
No es el momento para ~ *It's not the right time to.*
No es extraño que ~ *It's not surprising that.*
No es gran cosa ~ *It's not important.*
No es nada ~ *It's nothing.*
No es para reírse ~ *It's no joke / It's no laughing matter / It's
    nothing to laugh about.*
No es para tanto ~ *It's not as bad as that / It's not that bad.*
No esforzarse ~ *To make no effort.*
No está nada mal ~ *It's not bad at all.*
No estar al corriente de algo ~ *To be unaware of something.*
No estar de acuerdo con algo ~ *To disagree on something /
    To disagree about something.*
No estar de acuerdo con alguien ~ *To disagree with someone.*
No estar de acuerdo con alguien en un punto ~ *To differ with
    someone on a point.*
No estar de moda ~ *To be out / To be out of fashion.*
No estar de servicio ~ *To be off duty.*
No estar en condiciones de ~ *Not to be in a position to.*
No estar en forma ~ *To be out of shape / To be unfit.*
No estar en su sano juicio ~ *To be out of one's mind.*
No estar para bromas ~ *To be in no mood for joking.*
No estar regañados ~ *To be on friendly terms.*
No exponerse ~ *Not to run the risk.*
No faltaría más! ~ *Of course!*
No funciona ~ *Out of order.*
No hablarse ~ *Not to be on speaking terms.*
No hace mucho tiempo ~ *Not long ago.*
No hacer caso ~ *To take no notice.*
No hacer caso a alguien ~ *To take no notice of someone.*

No hacer caso de algo ~ *To take no notice of something.*
No hacer comentarios ~ *To make no comment.*
No hacer comentarios sobre algo ~ *To make no comment on something.*
No hacer nada ~ *To do nothing.*
No hacer pie (en el agua) ~ *To get out of one's depth.*
No hacer ruido ~ *To keep quiet / Not to make a noise.*
No hay como ser rico ~ *There's nothing like being rich.*
No hay de qué ~ *Not at all / Don't mention it.*
No hay derecho ~ *It's not fair.*
No hay forma de saber cómo ~ *There's no knowing how.*
No hay manera ~ *It's impossible.*
No hay más ~ *There's no more / There are no more.*
No hay más remedio que ~ *There's nothing left to do but.*
No hay nada como un vaso de buen whisky ~ *There's nothing like a glass of good whisky.*
No hay ninguna duda de eso ~ *There's no doubt about that.*
No hay por qué llorar ~ *There's nothing to cry about.*
No hay por qué preocuparse ~ *There's no need to worry.*
No hay que llorar ~ *You mustn't cry.*
No hay que tomarlo en serio ~ *You mustn't take it seriously.*
No hay quien lo entienda ~ *It's impossible to understand.*
No hay razón para que ~ *There's no reason why.*
No hay servicio ~ *There's no service.*
No hay tal ~ *There isn't such a thing / There is no such thing.*
No hay tiempo que perder ~ *There is no time to lose.*
No importa ~ *Never mind / It doesn't matter.*
No importa lo que hagas ~ *No matter what you do.*
No importarle algo a alguien ~ *To be of no importance to someone.*
No lejos de ~ *Not far from.*
No llegar a hacer algo ~ *To fail to do something / To fail in doing something.*
No lograr uno dominarse ~ *Not to be able to control oneself.*
No más ~ *No more.*
No merece la pena ~ *It's not worth the trouble / It's not worth it.*

No merece la pena arriesgarse ~ *It's not worth the risk.*
No molestar (letrero) ~ *Do not disturb.*
No mucho más tarde de las ocho ~ *Not long after eight.*
No mucho tiempo después ~ *Not long afterwards.*
No muy lejos ~ *Not far away / Not far off.*
No obstante ~ *However.*
No obstruir el paso ~ *To keep out of the way.*
No olvidar algo (tener presente) ~ *Not to forget something.*
No pararse en el camino ~ *To go straight there / Not to stop
     on the way.*
No parece sino que ~ *It seems (certain) that.*
No pegar ojo ~ *Not to sleep a wink.*
No perder de vista a alguien ~ *To keep an eye on someone.*
No perder el control de uno mismo ~ *To keep one's self-
     control.*
No perder la cabeza ~ *To keep one's head.*
No perder la calma ~ *To keep one's temper.*
No pestañear (no inmutarse) ~ *Not to bat an eyelid.*
No poder hacer algo ~ *To be unable to do something.*
No poder más ~ *To be exhausted.*
No poner objeciones a algo ~ *To have no objections to
     something.*
No privarse de nada ~ *Not to deny oneself anything / Not to
     deprive oneself of anything.*
No puede expresarse con palabras ~ *Words fail to express.*
No que yo sepa ~ *Not as far as I know.*
No regatear esfuerzos ~ *To spare no effort.*
No reparar en nada ~ *To stop at nothing.*
No se admiten propinas ~ *No tipping.*
No sea que llueva ~ *In case it rains.*
No ser gran cosa ~ *Not to be important.*
No servir de nada hacer algo ~ *To be (of) no use doing
     something.*
No servir para nada ~ *To be no good for anything / To be
     useless.*
No siempre ~ *Not always.*
No solamente ~ *Not only.*

No sólo... sino también ~ *Not only... but also.*
No surtir efecto ~ *To have no effect.*
No tener alternativa ~ *To have no choice.*
No tener apetito ~ *To have no appetite / Not to be hungry.*
No tener conocimiento de ~ *To have no knowledge of.*
No tener derecho a hacer algo ~ *To have no right to do
        something.*
No tener dinero ~ *To be broke / To have no money.*
No tener fin ~ *To be endless / To have no end.*
No tener importancia ~ *To be of no account / To be of no
        importance.*
No tener intención de hacer algo ~ *To have no intention of
        doing something.*
No tener la edad ~ *To be under age / Not to be old enough.*
No tener más remedio que ~ *To be obliged to / To have no
        choice but to.*
No tener miedo de hacer algo ~ *To have no fear of doing
        something.*
No tener motivo para hacer algo ~ *To have no reason to do
        something.*
No tener nada de particular ~ *To be nothing out of the
        ordinary.*
No tener nada en común ~ *To have nothing in common.*
No tener nada que objetar ~ *To have no objections to make.*
No tener nada que ver con ~ *To have nothing to do with.*
No tener precio ~ *To be priceless.*
No tener razón ~ *To be wrong / To be in the wrong.*
No tener sentido ~ *To make no sense.*
No tener sentido del humor ~ *To have no sense of humour.*
No tener suerte ~ *To be out of luck / To be unlucky / To have
        no luck.*
No tener tiempo para hacer algo ~ *To have no time to do
        something.*
No tiene arreglo (un objeto) ~ *It's beyond repair.*
No tiene arreglo (un problema) ~ *There's no solution.*
No tiene lógica ~ *There's no logic to it / It's not logical.*
No tiene remedio ~ *There's no help for it.*

No tiene sentido regañar ~ *There's no sense in quarrelling.*
No tomar parte ~ *To stand out.*
No tomarse interés en hacer algo ~ *To take no interest in doing something.*
No tomarse las cosas a pecho ~ *Not to take things to heart.*
No vale la pena ~ *It's not worth the trouble / It's not worthwhile.*
No vale para nada ~ *It is of no use.*
No valer gran cosa ~ *Not to be worth much.*
No venir al caso ~ *To be beside the point.*
Noche tras noche ~ *Night after night.*
Noche y día ~ *Night and day.*
Notable por algo ~ *Remarkable for something.*
Nueve de cada diez ~ *Nine out of ten.*
Nuevo en el empleo ~ *New to the job.*
Nunca más ~ *Never again.*
Nunca se sabe ~ *You never know.*

O

O algo parecido ~ *Or something similar.*
O algo por el estilo ~ *Or something like that.*
O sea ~ *That is (to say).*
Obedecer a alguien ~ *To obey someone.*
Obedecer al pie de la letra ~ *To obey to the letter.*
Obedeciendo las órdenes de alguien ~ *In obedience to
    someone's orders.*
Obligar a alguien a hacer algo ~ *To make someone do
    something / To force someone to do something.*
Obrar bien (acertar) ~ *To do well.*
Obrar mal (no acertar) ~ *To do badly.*
Obrar precipitadamente ~ *To act hastily.*
Observaciones sobre algo ~ *Remarks on something.*
Observar a alguien cómo hace algo ~ *To watch someone do
    something / To observe someone doing something.*
Observar la ley ~ *To keep the law / To observe the law.*
Obsesionado por una idea ~ *Obsessed with an idea /
    Obsessed by an idea.*
Obtener algo de balde ~ *To get something free.*
Obtener beneficios ~ *To make a profit.*
Obtener el divorcio ~ *To get a divorce.*
Obtener información de un libro ~ *To obtain information
    from a book.*
Obtener un premio ~ *To get a prize / To win a prize.*
Obtener una buena puntuación ~ *To get a good mark / To get
    good marks.*
Ocasión de celebrar algo ~ *Occasion to celebrate something.*
Ocasionar grandes destrozos ~ *To do a lot of damage / To
    cause great damage.*
Ocho veces de cada diez ~ *Eight times out of ten.*
Ocultar algo a alguien ~ *To hide something from someone.*

Ocultar la cara entre las manos ~ *To bury one's face in one's hands.*

Ocupar el puesto de director ~ *To hold the post of director.*

Ocupar sitio ~ *To take up room / To take up space.*

Ocupar tiempo ~ *To take up time.*

Ocupar un cargo ~ *To hold a post.*

Ocuparse de algo ~ *To see to something.*

Ocuparse en algo ~ *To busy oneself with something.*

Ocurra lo que ocurra ~ *Come what way / Whatever happens / Whatever may happen / Happen what may.*

Ocurrirle a alguien algo ~ *To happen to someone.*

Ocurrírsele a alguien algo ~ *To occur to someone.*

Odiar a alguien a muerte ~ *To loathe someone.*

Ofender a alguien ~ *To offend someone / To give offence to someone.*

Ofenderse fácilmente ~ *To be quick to take offence.*

Ofenderse por algo ~ *To be offended at something / To be offended by something / To take offence at something.*

Ofendido con alguien ~ *Offended with someone.*

Ofendido por algo ~ *Offended at something / Offended by something.*

Ofrecer a alguien dinero por algo ~ *To offer someone some money for something.*

Ofrecer algo a alguien ~ *To offer someone something / To offer something to someone.*

Ofrecer uno sus respetos a alguien ~ *To pay one's respects to someone.*

Ofrecerse para hacer algo ~ *To offer to do something.*

Ofrecerse voluntario para hacer algo ~ *To volunteer to do something.*

Oír a alguien hacer algo ~ *To hear someone doing something / To hear someone do something.*

Oír a alguien por la radio ~ *To hear someone on the radio.*

Oír acerca de algo ~ *To hear about something.*

Oír algo por la radio ~ *To hear something on the radio.*

Oír hablar de alguien ~ *To hear about someone.*

Ojalá sea cierto! ~ *I wish it were true!*

Ojo por ojo ~ *An eye for an eye.*
Oler a ajo ~ *To smell of garlic.*
Oler algo (un perro) ~ *To sniff at something.*
Oler bien ~ *To smell good.*
Oler mal ~ *To smell bad.*
Olvidar a alguien ~ *To forget someone.*
Olvidar algo ~ *To forget something.*
Olvidar algo en casa ~ *To leave something at home.*
Olvidar algo en algún sitio ~ *To leave something somewhere.*
Olvidar haber hecho algo ~ *To forget doing something / To forget having done something.*
Olvidarse de algo ~ *To forget about something.*
Olvidarse de hacer algo ~ *To forget to do something.*
Omitir algo ~ *To leave something out.*
Operar a alguien ~ *To operate on someone.*
Operar a alguien de apendicitis ~ *To operate on someone for appendicitis.*
Opinión sobre algo ~ *Opinion on something / Opinion about something.*
Opinión sobre alguien ~ *Opinion on someone / Opinion about someone.*
Oponerse a algo ~ *To be opposed to something / To object to something.*
Oponerse a hacer algo ~ *To object to doing something.*
Oportunidad de hacer algo ~ *Chance to do something / Opportunity to do something.*
Optar por hacer algo ~ *To choose to do something.*
Opuesto a (actitud) ~ *Opposed to.*
Opuesto a (ubicación) ~ *Opposite.*
Orar por alguien ~ *To pray for someone.*
Ordenar a alguien que haga algo ~ *To order someone to do something.*
Ordenar a alguien que salga de un lugar ~ *To order someone out of a place / To order someone to get out of somewhere.*
Ordenar cosas (arreglar) ~ *To put things in order.*
Ordenar cosas por parejas ~ *To order things in pairs.*

Ordenar cosas por tamaños ~ *To put things in order of size /
To order things by size.*
Orgulloso de algo ~ *Proud of something.*
Orgulloso de alguien ~ *Proud of someone.*
Orgulloso de hacer algo ~ *Proud of doing something.*
Otra cosa ~ *Something else.*
Otra persona ~ *Someone else.*
Otra vez ~ *Once again / Once more / Again.*
Otra vez será ~ *Some other time.*
Otro día ~ *Some other day.*
Otro tanto ~ *As much again.*
Otros diez minutos ~ *Another ten minutes.*
Otros tantos ~ *As many more / As many again.*

P

Pactar con alguien ~ *To make an agreement with someone.*
Padecer de ~ *To suffer from.*
Padecer de dolor de cabeza ~ *To suffer from headaches.*
Padecer una enfermedad ~ *To have an illness.*
Pagar a alguien ~ *To pay someone.*
Pagar a alguien con su propia moneda ~ *To pay someone*
    back in his own coin.
Pagar a alguien por su trabajo ~ *To pay someone for their*
    work.
Pagar a escote (dos personas) ~ *To go Dutch (treat) / To go*
    halves.
Pagar a plazos ~ *To pay in instalments.*
Pagar al contado ~ *To pay (in) cash / To make a cash*
    payment.
Pagar algo ~ *To pay for something.*
Pagar algo a plazos ~ *To pay for something in*
    instalments.
Pagar algo al contado ~ *To pay for something (in) cash /*
    To pay cash for something.
Pagar caro un error ~ *To pay dearly for a mistake.*
Pagar con un cheque ~ *To pay by cheque.*
Pagar daños y perjuicios ~ *To pay damages.*
Pagar del bolsillo de uno ~ *To pay out of one's own*
    pocket.
Pagar el alquiler ~ *To pay the rent.*
Pagar el billete del autobús ~ *To pay the bus fare.*
Pagar en metálico ~ *To pay (in) cash.*
Pagar por adelantado ~ *To pay in advance.*
Pagar por completo ~ *To pay in full.*
Pagar por los errores que uno comete ~ *To pay for one's*
    mistakes.

Pagar todo lo que se debe ~ *To pay off all one's debts / To pay off everything one owes.*

Pagar un precio muy alto por algo ~ *To pay a high price for something.*

Pagar una cuenta ~ *To pay a bill.*

Pagar una deuda ~ *To pay a debt.*

Pagar una entrada (en un espectáculo) ~ *To buy a ticket / To pay an admission fee / To pay an entrance fee.*

Pagar una factura ~ *To pay a bill.*

Pagar una indemnización ~ *To pay compensation.*

Pago de una factura ~ *Payment of a bill.*

Pago por adelantado ~ *Payment in advance.*

Palabra de honor ~ *Word of honour.*

Palabra por palabra ~ *Word for word.*

Palabras que empiezan por T ~ *Words beginning with T.*

Palabras que terminan en T ~ *Words ending in T.*

Palmo a palmo ~ *Inch by inch / Step by step.*

Pan con mantequilla ~ *Bread and butter.*

Para abreviar ~ *For short.*

Para asegurarse ~ *To make sure.*

Para cambiar ~ *By way of a change / For a change.*

Para colmo de desgracias ~ *To cap it all / On top of everything else.*

Para el bien común ~ *For everybody's good / For the common good.*

Para el desayuno ~ *For breakfast.*

Para ellos dos ~ *For both of them / For the two of them.*

Para empeorar las cosas ~ *To make matters worse.*

Para empezar ~ *To begin with / To start with.*

Para entonces ~ *By then.*

Para ese fin ~ *With this aim.*

Para este propósito ~ *For this purpose / To this end.*

Para evitar que se arrugue ~ *To prevent it from getting creased / To prevent creasing.*

Para hacer justicia ~ *To do justice.*

Para la comida ~ *For lunch.*

Para la única vez que lo hago ~ *The one time that I do it / For the once that I do it.*

Para luego es demasiado tarde ~ *"By and by" will be too late / "Soon" is too late.*

Para más detalles ~ *For further details.*

Para mayores de 18 años (film) ~ *For adults only.*

Para nosotros dos ~ *For us both / For both of us.*

Para que no se ensucie ~ *To keep it clean / So that it doesn't get dirty.*

Para qué? ~ *What for?*

Para quién? ~ *Who for? / For whom?*

Para remate ~ *To crown it all / To top it all.*

Para resumir ~ *Summing up / In summary / To summarise.*

Para ser franco ~ *To be frank.*

Para ser justo con ~ *In justice to.*

Para siempre ~ *For ever / For good.*

Para siempre jamás ~ *For ever and ever.*

Para sorpresa de todos ~ *To everyone's surprise.*

Para toda la vida ~ *For life / For the whole of one's life.*

Para todo uso (una prenda) ~ *For everyday wear / All-purpose.*

Para todos los públicos (film) ~ *U-Certificate film.*

Para usarlo más adelante ~ *For future use.*

Para variar ~ *For a change.*

Paralelo a algo ~ *Parallel to something.*

Parar algo ~ *To bring something to a stop / To bring something to a halt.*

Parar de repente ~ *To stop short / To come to a sudden stop / To stop suddenly.*

Parar para hacer algo ~ *To stop to do something.*

Parar un motor ~ *To bring a motor to a stop / To stop a motor.*

Pararle los pies a alguien ~ *To put someone in their place.*

Pararse a medio camino ~ *To stop half way.*

Parecer asombrado ~ *To look surprised.*

Parecer asustado ~ *To look frightened.*

Parecer deprimido ~ *To look depressed / To look a bit down.*

Parecer perplejo ~ *To look very puzzled.*

Parecerse a algo ~ *To look like something.*

Parecerse a alguien ~ *To look like someone / To take after someone / To resemble someone.*

Parecido a ~ *Similar to.*

Parecido al de ~ *Similar to that of.*

Parecido de una cosa con otra ~ *Resemblance of one thing to another / Similarity of one thing to another.*

Pares o nones? ~ *Odds or evens?*

Participar en un concurso ~ *To enter a contest / To take part in a competition.*

Partida para un lugar ~ *Departure for somewhere.*

Partiendo de la base que ~ *If we assume that / Assuming that.*

Partir algo en trozos ~ *To break something into pieces.*

Partir con rumbo a Londres ~ *To set off for London / To leave for London.*

Partir de cero ~ *To start from scratch.*

Partir de un lugar ~ *To set out from somewhere / To start from somewhere.*

Partir de viaje ~ *To set off on a journey.*

Partir en busca de algo ~ *To set off in search of something.*

Partir la diferencia ~ *To split the difference.*

Partir para un lugar ~ *To leave for somewhere / To set off for somewhere / To start out for somewhere.*

Partir un trozo de chocolate ~ *To break off a piece of chocolate.*

Partirle la cara a alguien ~ *To smash someone's face in.*

Partirse de risa ~ *To split one's sides laughing / To die laughing.*

Pasado de moda ~ *Out of date / Out of fashion / Old-fashioned.*

Pasado mañana ~ *The day after tomorrow.*

Pasar a la ofensiva ~ *To take the offensive.*

Pasar a mejor vida ~ *To pass away.*

Pasar a otro tema ~ *To go on to another subject / To change on to another subject.*

Pasar a través de un tubo ~ *To pass through a tube / To go through a tube.*

Pasar al lado de alguien ~ *To pass someone by.*

Pasar algo a limpio ~ *To make a clean copy of something / To make a fair copy of something.*

Pasar algo de uno a otro ~ *To pass something from one to another / To pass something round.*

Pasar algo por alto ~ *To pass something over.*

Pasar andando ~ *To walk past.*

Pasar apuros económicos ~ *To be hard up.*

Pasar buena noche ~ *To sleep well.*

Pasar de la edad ~ *To be over-age.*

Pasar de la segunda a la tercera clase ~ *To move up from the second to the third class.*

Pasar de largo ~ *To go by without stopping / To pass by without stopping / To go straight past.*

Pasar de moda ~ *To go out of fashion / To become old-fashioned.*

Pasar de una cosa a otra ~ *To pass from one thing to another / To go from one thing to another.*

Pasar el rato ~ *To while away the time / To pass the time.*

Pasar el tiempo ~ *To pass the time / To spend one's time / To while away the time.*

Pasar el tiempo haciendo algo ~ *To spend one's time doing something.*

Pasar frío ~ *To be cold.*

Pasar hambre ~ *To go hungry.*

Pasar la mano por algo (acariciando) ~ *To stroke something.*

Pasar la noche en un hotel ~ *To spend the night in a hotel.*

Pasar la noche en vela ~ *To have a sleepless night.*

Pasar la sopa por un colador ~ *To strain the soup.*

Pasar la vista por ~ *To glance over.*

Pasar las vacaciones en la playa ~ *To spend one's holidays at the seaside.*

Pasar las vacaciones en Londres ~ *To spend one's holidays in London.*

Pasar lista ~ *To call the roll / To call the register.*

Pasar mala noche ~ *To sleep badly / To have a bad night.*
Pasar muchas dificultades ~ *To go through many difficulties.*
Pasar necesidad ~ *To be in want / To be in need.*
Pasar por alto ~ *To leave out.*
Pasar por alto los detalles ~ *To miss out the details.*
Pasar por la fuente ~ *To go past the fountain / To pass by the fountain / To go by the fountain.*
Pasar por un lugar (sin pararse) ~ *To walk past a place / To go past a place / To go by a place / To pass a place.*
Pasar por un túnel ~ *To go through a tunnel.*
Pasar por una puerta ~ *To pass through a door / To go through a door.*
Pasar un buen rato ~ *To have a good time.*
Pasar un examen ~ *To pass an examination / To get through an examination.*
Pasar un mal rato ~ *To have a bad time / To have a hard time.*
Pasar una mala racha ~ *To go through a bad patch.*
Pasarlas moradas ~ *To have a rough time / To go through hell.*
Pasarlo bien ~ *To have a good time.*
Pasarlo en grande ~ *To have a great time.*
Pasarlo mal ~ *To have a hard time.*
Pasarse de la raya ~ *To go too far.*
Pasarse de listo ~ *To be too clever by half.*
Pasarse de moda ~ *To go out of fashion.*
Pasarse el cepillo por el pelo ~ *To run a brush through one's hair.*
Pasarse la tarde durmiendo ~ *To sleep all afternoon.*
Pasarse los dedos por el pelo ~ *To run one's fingers through one's hair.*
Pasarse sin algo ~ *To go without something.*
Pasarse sin comer ~ *To go without food / To go without eating.*
Pasarse sin fumar ~ *To go without smoking.*
Pase lo que pase ~ *Whatever happens / Come what may / No matter what happens.*

Pasear bajo la lluvia ~ *To walk in the rain.*
Pasear cogidos del brazo ~ *To walk arm in arm.*
Pasear de acá para allá ~ *To walk up and down.*
Pasear por el parque ~ *To walk in the park.*
Pasear por la calle ~ *To walk along the street.*
Pasear por la ciudad ~ *To walk about town.*
Paso a paso ~ *Step by step.*
Patas arriba ~ *Flat on one's back.*
Pecar contra ~ *To sin against.*
Pecar por defecto ~ *To fall short of the mark.*
Pecar por exceso ~ *To go too far.*
Peculiar de alguien ~ *Peculiar to someone.*
Pedir a alguien que baje ~ *To ask someone to come down.*
Pedir a alguien que entre ~ *To ask someone to come in.*
Pedir a alguien que haga algo ~ *To ask someone to do something.*
Pedir a alguien que no haga algo ~ *To ask someone not to do something.*
Pedir a alguien que salga (hablando desde dentro) ~ *To ask someone to go out.*
Pedir a alguien que salga (hablando desde fuera) ~ *To ask someone to come out.*
Pedir a alguien que suba (hablando desde abajo) ~ *To ask someone to go up.*
Pedir a alguien que suba (hablando desde arriba) ~ *To ask someone to come up.*
Pedir a alguien que vuelva ~ *To ask someone to come back.*
Pedir algo ~ *To ask for something.*
Pedir algo a alguien ~ *To ask someone for something.*
Pedir algo a voces ~ *To call out for something / To shout out for something.*
Pedir algo prestado ~ *To borrow something.*
Pedir algo prestado a alguien ~ *To borrow something from someone.*
Pedir ayuda ~ *To ask for help.*
Pedir ayuda a alguien ~ *To ask for someone's help / To ask someone for help.*

Pedir cuentas ~ *To ask for an explanation.*
Pedir dinero prestado ~ *To borrow money.*
Pedir fuego ~ *To ask for a light.*
Pedir hora ~ *To ask for an appointment.*
Pedir la mano de una chica ~ *To ask for a girl's hand in marriage.*
Pedir la palabra ~ *To ask for the floor / To request to speak.*
Pedir limosna ~ *To beg (for alms).*
Pedir perdón a alguien ~ *To apologise to someone.*
Pedir perdón por algo ~ *To apologise for something.*
Pedir perdón por haber hecho algo ~ *To apologise for doing something.*
Pedir permiso a alguien ~ *To ask permission from someone.*
Pedir permiso a alguien para hacer algo ~ *To ask someone for permission to do something / To ask for someone's permission to do something.*
Pedir permiso para hacer algo ~ *To ask permission to do something.*
Pedir prestado dinero a alguien ~ *To borrow money from someone.*
Pedir socorro ~ *To call for help / To cry for help.*
Pedir un favor ~ *To ask a favour.*
Pedir un préstamo ~ *To apply for a loan.*
Pedir una cosa ~ *To ask for a thing.*
Pegar a alguien ~ *To hit someone / To strike someone.*
Pegar a alguien en la cabeza ~ *To hit someone on the head.*
Pegar a alguien en la cara ~ *To hit someone in the face.*
Pegar con fuerza ~ *To hit hard.*
Pegar duro ~ *To hit hard.*
Pegar fuego ~ *To set on fire.*
Pegar un puñetazo en un ojo a alguien ~ *To punch someone in the eye.*
Pegar un sello en un sobre ~ *To stick a stamp on an envelope.*
Pegar un tiro a alguien ~ *To shoot someone.*
Pegar una pedrada a alguien ~ *To hit someone with a stone.*
Pegarse a la superficie (un papel) ~ *To stick to the surface.*
Pegarse un tiro ~ *To shoot oneself.*

Peinarse hacia atrás ~ *To comb one's hair back.*
Pelar una naranja a alguien ~ *To peel an orange for someone.*
Pensándolo mejor ~ *On second thoughts.*
Pensar algo ~ *To think something over.*
Pensar bien de alguien ~ *To think well of someone.*
Pensar en algo ~ *To think of something / To think about*
    something.
Pensar en alguien ~ *To think of someone / To think about*
    someone.
Pensar en el futuro ~ *To think of the future.*
Pensar en inglés ~ *To think in English.*
Pensar en la posibilidad de hacer algo ~ *To think about the*
    possibility of doing something.
Pensar hacer algo ~ *To think of doing something.*
Pensar mal de alguien ~ *To think badly of someone.*
Pensar para sí ~ *To think to oneself.*
Pensar un asunto ~ *To think a matter over.*
Pensarlo bien antes de hacer algo ~ *To think again before you*
    do something / To think carefully before doing
    something.
Perder algo ~ *To lose something.*
Perder de vista a alguien ~ *To lose sight of someone.*
Perder el apetito ~ *To lose one's appetite.*
Perder el autobús ~ *To miss one's bus.*
Perder el conocimiento ~ *To become unconscious / To lose*
    consciousness.
Perder el contacto con alguien ~ *To lose touch with someone.*
Perder el control de uno mismo ~ *To lose control of oneself.*
Perder el control del coche ~ *To lose control of the car.*
Perder el equilibrio ~ *To lose one's balance.*
Perder el hilo ~ *To lose the thread.*
Perder el interés ~ *To lose interest.*
Perder el juicio ~ *To be out of one's mind.*
Perder el sentido ~ *To lose consciousness.*
Perder el tiempo ~ *To waste one's time / To waste time.*
Perder el tiempo en hacer algo ~ *To waste one's time in*
    doing something.

Perder el tren ~ *To miss one's train.*
Perder en un juego ~ *To lose at a game.*
Perder la cabeza ~ *To lose one's head.*
Perder la esperanza ~ *To give up hope / To lose hope.*
Perder la esperanza de hacer algo ~ *To despair of doing
    something / To lose all hope of doing something.*
Perder la esperanza de ser rescatados ~ *To despair of being
    rescued / To lose hope of being rescued.*
Perder la fe ~ *To lose faith.*
Perder la ocasión ~ *To let the chance slip by.*
Perder la paciencia ~ *To lose one's patience.*
Perder la paciencia con alguien ~ *To lose patience with
    someone / To be out of patience with someone.*
Perder la vida ~ *To lose one's life.*
Perder las amistades ~ *To lose someone's friendship.*
Perder los estribos ~ *To lose one's temper.*
Perder peso ~ *To lose weight.*
Perder pie (en el agua) ~ *To be out of one's depth.*
Perder terreno ~ *To lose ground.*
Perder tiempo ~ *To waste time.*
Perder toda esperanza ~ *To give up all hope.*
Perder todo lo que uno tiene ~ *To lose one's all / To lose
    everything one has.*
Perder una oportunidad ~ *To miss a chance / To lose one's
    chance / To miss an opportunity.*
Perder uno las facultades ~ *To lose one's powers.*
Perderse de vista ~ *To be out of sight / To be lost to view.*
Perderse en el bosque ~ *To get lost in the wood / To lose
    one's way in the wood.*
Perderse una obra de teatro ~ *To miss a play.*
Perdón por interrumpir ~ *Excuse my interrupting.*
Perdonar a alguien ~ *To forgive someone / To let someone
    off.*
Perdonar a alguien de algo que ha hecho ~ *To forgive
    someone for doing something.*
Perdonar a alguien una ofensa ~ *To forgive someone for an
    offence.*

Perecer de hambre ~ *To perish with hunger.*
Permanecer al lado de alguien ~ *To stay at someone's side.*
Permanecer alejado ~ *To stay away.*
Permanecer callado ~ *To keep silent.*
Permanecer despierto ~ *To lie awake / To stay awake.*
Permanecer juntos ~ *To stick together / To stay together.*
Permiso para ausentarse ~ *Leave of absence.*
Permiso para hacer algo ~ *Permission to do something.*
Permiso por escrito ~ *Permission in writing.*
Permitir a alguien que haga algo ~ *To allow someone to do
     something / To let someone do something.*
Perseguir a alguien ~ *To run after someone.*
Persistir en hacer algo ~ *To persist in doing something.*
Persuadir a alguien para que haga algo ~ *To persuade
     someone to do something / To get someone to do
     something.*
Pertenecer a alguien ~ *To belong to someone.*
Pesar mucho ~ *To be very heavy.*
Pesaroso por algo ~ *Sorry for something / Regretful about
     something.*
Pescar truchas ~ *To fish for trout.*
Pescar un pez ~ *To catch a fish.*
Pese a ~ *In spite of.*
Pesimista sobre el futuro ~ *Pessimistic about the future.*
Pierda usted cuidado ~ *Don't worry.*
Pillar a alguien con las manos en la masa ~ *To catch
     someone red-handed.*
Pillar a alguien desprevenido ~ *To catch someone
     unprepared / To catch someone off-guard.*
Pintado de blanco ~ *Painted white.*
Pintar algo de blanco ~ *To paint something white.*
Pintar del natural ~ *To paint from nature.*
Pintarse los labios ~ *To put some lip-stick on.*
Pisar a alguien ~ *To step on someone's foot / To tread on
     someone's foot.*
Pisarle los talones a alguien ~ *To be on someone's heels.*
Planear algo de antemano ~ *To plan something beforehand.*

Planear hacer algo ~ *To plan to do something.*
Plantarle cara a alguien ~ *To face up to someone.*
Plantear un problema ~ *To bring up a question / To raise a question.*
Pocas veces ~ *Not very often / Seldom / Rarely.*
Poco a poco ~ *Little by little / Bit by bit.*
Poco antes ~ *Shortly before / A little before.*
Poco después ~ *Shortly after (that) / Shortly afterwards / Soon after (that) / Soon afterwards / A short time after / A little after.*
Poco maduro (fruta) ~ *Unripe.*
Poco maduro (persona) ~ *Immature.*
Poco más o menos ~ *More or less.*
Poco tiempo después ~ *Shortly afterwards.*
Poder hacer algo ~ *To be able to do something.*
Poner a alguien a prueba ~ *To put someone to the test.*
Poner a alguien colorado ~ *To make someone blush.*
Poner a alguien de mal humor ~ *To put someone in a bad mood.*
Poner a alguien de vuelta y media ~ *To call someone all the names under the sun.*
Poner a alguien en libertad ~ *To set someone free.*
Poner a alguien en relación con un amigo ~ *To put someone in touch with a friend.*
Poner a alguien en un aprieto ~ *To put someone on the spot.*
Poner a alguien entre la espada y la pared ~ *To put someone between the devil and the deep blue sea.*
Poner a alguien la zancadilla ~ *To trip someone up.*
Poner a alguien nervioso ~ *To make someone nervous.*
Poner a alguien por las nubes ~ *To praise someone to the skies.*
Poner a alguien un juicio ~ *To take someone to court / To sue someone.*
Poner a alguien un ojo negro ~ *To give someone a black eye.*
Poner a buen recaudo ~ *To put in a safe place / To put into safekeeping.*
Poner a la venta (un producto) ~ *To put on sale.*

Poner a la venta (una casa) ~ *To put up for sale.*
Poner a prueba ~ *To put to the test.*
Poner a prueba la paciencia de alguien ~ *To try someone's patience.*
Poner a punto ~ *To tune up.*
Poner a un lado ~ *To set aside / To put to one side.*
Poner a un niño el nombre de su padre ~ *To name a child after his father.*
Poner al corriente ~ *To bring up to date.*
Poner al corriente de algo a alguien ~ *To let someone know about something / To bring someone up-to-date about something.*
Poner al día ~ *To bring up to date.*
Poner algo a disposición de alguien ~ *To put something at someone's disposal.*
Poner algo a prueba ~ *To put something to the test.*
Poner algo al revés ~ *To put something the wrong way round.*
Poner algo aparte ~ *To put something aside.*
Poner algo boca abajo ~ *To turn something upside down / To turn something face down.*
Poner algo boca arriba ~ *To turn something right side up / To turn something face up.*
Poner algo donde estaba ~ *To put something back where it was.*
Poner algo en claro ~ *To make something plain.*
Poner algo en duda ~ *To question something / To doubt something.*
Poner algo en inglés ~ *To put something into English.*
Poner algo en limpio ~ *To make a fair copy of something.*
Poner algo en orden ~ *To put something in order.*
Poner algo en su sitio ~ *To put something back in its place.*
Poner algo en una caja ~ *To put something into a box.*
Poner algo por escrito ~ *To put something down in writing.*
Poner atención ~ *To pay attention.*
Poner carne de gallina ~ *To give (one) gooseflesh / To give (one) goose pimples.*
Poner condiciones ~ *To lay down conditions.*

Poner coto a algo ~ *To put a stop to something / To set a limit to something.*

Poner cuidado ~ *To be careful / To look out.*

Poner cuidado en hacer algo ~ *To take care in doing something.*

Poner de manifiesto ~ *To make public / To make evident.*

Poner de relieve ~ *To emphasise.*

Poner de su parte ~ *To do one's bit.*

Poner el coche en marcha ~ *To start the car.*

Poner el despertador a las nueve ~ *To set the alarm for nine o'clock.*

Poner el reloj en hora ~ *To put one's watch right.*

Poner el sombrero en la percha ~ *To hang one's hat on the peg.*

Poner el televisor ~ *To turn the television on.*

Poner empeño en hacer algo ~ *To take pains in doing something.*

Poner en duda ~ *To call into question / To call into doubt.*

Poner en funcionamiento ~ *To put into operation.*

Poner en juego ~ *To bring into play.*

Poner en libertad ~ *To set at liberty / To set free.*

Poner en limpio (un escrito) ~ *To make a fair copy.*

Poner en marcha (un negocio) ~ *To start.*

Poner en marcha el motor ~ *To start the engine / To set the engine running.*

Poner en movimiento ~ *To put in motion / To set in motion.*

Poner en órbita ~ *To put into orbit.*

Poner en orden ~ *To put in order.*

Poner en práctica ~ *To put into practice.*

Poner en tela de juicio ~ *To question / To put in doubt.*

Poner en un sobre ~ *To put in an envelope.*

Poner en venta ~ *To put up for sale.*

Poner en verso ~ *To put into verse.*

Poner en vigor ~ *To put into effect.*

Poner encima de la mesa ~ *To put on the table.*

Poner falta a alguien ~ *To mark someone absent.*

Poner faltas a algo ~ *To find fault with something.*

Poner fin a algo ~ *To put an end to something.*
Poner fuera de juego (un deportista) ~ *To put out of action.*
Poner huevos ~ *To lay eggs.*
Poner la mano sobre el auricular ~ *To put one's hand over
    the receiver.*
Poner la mesa ~ *To set the table / To lay the table.*
Poner la mesa para cenar ~ *To set the table for dinner.*
Poner la radio ~ *To turn on the radio / To switch on the
    radio.*
Poner la televisión ~ *To turn on the television / To switch on
    the television.*
Poner los ojos en blanco ~ *To roll one's eyes.*
Poner los puntos sobre las íes ~ *To dot the i's and cross the
    t's.*
Poner mala cara ~ *To pull a long face / To pull a face.*
Poner manos a la obra ~ *To get to work.*
Poner mucho énfasis en algo ~ *To place great emphasis on
    something.*
Poner nervioso a alguien ~ *To make someone nervous.*
Poner objeciones a algo ~ *To object to something.*
Poner objeciones para hacer algo ~ *To object to doing
    something.*
Poner orden (en clase) ~ *To bring the class to order.*
Poner pegas a todo ~ *To find fault with everything.*
Poner pies en polvorosa ~ *To take to one's heels.*
Poner por caso ~ *To take as an example.*
Poner por escrito ~ *To put down in writing.*
Poner por la nubes ~ *To praise to the skies.*
Poner punto final a algo ~ *To put a stop to something / To
    finish something.*
Poner reparos ~ *To raise objections.*
Poner reparos a algo ~ *To raise objections to something.*
Poner reparos a hacer algo ~ *To object to doing something /
    To raise objections to doing something.*
Poner rumbo a ~ *To head for.*
Poner término a algo ~ *To bring something to a close.*
Poner todo el empeño ~ *To put all one's determination.*

Poner triste a alguien ~ *To make someone sad.*
Poner un anuncio en el periódico ~ *To put an advertisement in the paper.*
Poner un barco a flote ~ *To set a ship afloat.*
Poner un disco en el tocadiscos ~ *To put a record on the record-player.*
Poner un ejemplo ~ *To give an example.*
Poner un motor a punto ~ *To tune an engine.*
Poner un motor en marcha ~ *To start an engine.*
Poner un negocio ~ *To set up a business / To open a business.*
Poner un reloj a ojo ~ *To set a watch roughly on time.*
Poner un reloj en hora ~ *To put a watch right / To set a watch right / To set the (right) time.*
Poner un vaso boca abajo ~ *To turn a glass upside down.*
Poner una carta urgente ~ *To send a letter express post.*
Poner una inyección a alguien ~ *To give someone an injection.*
Poner una multa a alguien ~ *To fine someone / To give someone a fine.*
Poner uno todo de su parte ~ *To do one's best.*
Ponerle a alguien nervioso ~ *To make someone very nervous.*
Ponerle verde a alguien ~ *To call someone all the names under the sun.*
Ponerlo en práctica ~ *To put it into practice.*
Ponerse a cantar ~ *To burst into song / To start singing / To start to sing.*
Ponerse a cuatro patas ~ *To get down on all fours.*
Ponerse a dieta ~ *To go on a diet.*
Ponerse a hacer algo ~ *To get down to doing something.*
Ponerse a la cola ~ *To get in the queue.*
Ponerse a llorar ~ *To start crying / To burst into tears.*
Ponerse a régimen ~ *To go on a diet.*
Ponerse a salvo ~ *To reach safety.*
Ponerse a trabajar ~ *To set to work / To get down to work.*
Ponerse al corriente ~ *To bring oneself up to date / To get up to date.*

Ponerse al habla por teléfono ~ *To speak over the telephone /
To speak on the telephone.*

Ponerse bien (curarse) ~ *To get well / To get better.*

Ponerse cabeza abajo ~ *To stand on one's head.*

Ponerse colorado ~ *To go red / To go red in the face.*

Ponerse cómodo ~ *To make oneself at home / To make
oneself comfortable.*

Ponerse de acuerdo ~ *To come to an agreement / To come to
an understanding / To reach an agreement.*

Ponerse de acuerdo con alguien sobre algo ~ *To come to an
agreement with someone about something.*

Ponerse de acuerdo sobre algo ~ *To agree on something.*

Ponerse de lado ~ *To stand sideways.*

Ponerse de luto ~ *To go into mourning / To wear black.*

Ponerse de luto por alguien ~ *To go into black for someone /
To go into mourning for someone.*

Ponerse de luto por la muerte de alguien ~ *To go into
mourning on someone's death.*

Ponerse de manifiesto ~ *To become apparent / To become
evident.*

Ponerse de moda ~ *To come into fashion / To become
fashionable.*

Ponerse de parte de alguien ~ *To side with someone.*

Ponerse de pie ~ *To rise to one's feet / To stand up.*

Ponerse de pie de un salto ~ *To jump to one's feet.*

Ponerse de pie en una silla ~ *To stand on a chair.*

Ponerse de puntillas ~ *To stand on tiptoe.*

Ponerse de rodillas ~ *To kneel down / To get down on one's
knees.*

Ponerse del lado de alguien (hacer causa común) ~ *To take
sides with someone.*

Ponerse derecho ~ *To straighten one's back / To stand up
straight.*

Ponerse detrás de la puerta ~ *To stand behind the door.*

Ponerse el abrigo ~ *To put on one's coat.*

Ponerse el sombrero ~ *To put on one's hat / To put one's hat
on.*

Ponerse en camino ~ *To set out / To start off / To be on one's way.*

Ponerse en camino temprano ~ *To make an early start.*

Ponerse en contacto con alguien ~ *To get in touch with someone.*

Ponerse en contacto con alguien por teléfono ~ *To get in touch with someone by telephone / To contact someone by telephone.*

Ponerse en evidencia ~ *To show oneself up / To reveal oneself.*

Ponerse en fila ~ *To line up.*

Ponerse en guardia ~ *To be on one's guard.*

Ponerse en jarras ~ *To be with one's arms akimbo / To stand hands on hips.*

Ponerse en marcha ~ *To set out / To start off / To get moving.*

Ponerse en medio ~ *To get in the way.*

Ponerse en pie ~ *To stand up.*

Ponerse en pie de un salto ~ *To jump to one's feet.*

Ponerse en razón ~ *To be reasonable.*

Ponerse en viaje ~ *To set off on a journey / To start on a journey / To start on one's journey.*

Ponerse enfermo ~ *To be taken ill / To get ill / To fall ill / To become ill.*

Ponerse firme ~ *To come to attention / To stand to attention.*

Ponerse furioso ~ *To burst into a fit of rage / To get furious.*

Ponerse hecho una furia ~ *To be in a fury / To be in a rage.*

Ponerse histérico ~ *To go into hysterics / To become hysterical.*

Ponerse la chaqueta ~ *To put on one's jacket.*

Ponerse los calcetines al revés ~ *To put one's socks on inside out.*

Ponerse los zapatos ~ *To put on one's shoes.*

Ponerse manos a la obra ~ *To get down to work.*

Ponerse mejor ~ *To get better.*

Ponerse moreno ~ *To get a suntan / To get brown.*

Ponerse nervioso ~ *To get excited / To get nervous / To feel nervous.*

Ponerse pálido ~ *To turn pale / To go white.*
Ponerse pálido a la vista de algo ~ *To turn pale at the sight of
    something.*
Ponerse peor ~ *To get worse.*
Ponerse un antifaz ~ *To put a mask on one's face / To put on
    a mask.*
Por acá ~ *This way.*
Por accidente ~ *By accident.*
Por adelantado ~ *In advance.*
Por ahí ~ *Over there.*
Por ahora ~ *For the time being / For now / At present.*
Por aire ~ *By air.*
Por algo será ~ *There must be some reason / There's bound
    to be a reason (for it).*
Por allá ~ *That way.*
Por allí ~ *That way.*
Por amor a ~ *For the sake of / For the love of.*
Por anticipado ~ *In advance.*
Por añadidura ~ *Besides / In addition.*
Por aquel entonces ~ *At that time / In those days.*
Por aquel tiempo ~ *At that time.*
Por arte de magia ~ *As if by magic.*
Por avión ~ *By plane / By air.*
Por barco ~ *By ship / By boat.*
Por bonito que sea ~ *However pretty it is / However pretty it
    may be / No matter how pretty it might be.*
Por carta ~ *By letter.*
Por casualidad ~ *By accident / By chance.*
Por causa de ~ *Because of / On account of.*
Por causas ajenas a nuestra voluntad ~ *For reasons beyond
    our control.*
Por ciento ~ *Per cent.*
Por cientos ~ *By the hundred / In hundreds.*
Por cierto ~ *By the way.*
Por conjetura ~ *By guesswork.*
Por consiguiente ~ *Consequently / Therefore.*
Por correo ~ *By post / By mail.*

Por correo aéreo ~ *By air mail.*
Por cualquier medio ~ *By whatever means.*
Por cuenta de la casa ~ *On the house.*
Por cuenta y riesgo de uno ~ *At one's own risk.*
Por cumplir ~ *As a mere formality.*
Por curiosidad ~ *Out of curiosity.*
Por debajo de la superficie ~ *Beneath the surface.*
Por debajo del término medio ~ *Below average.*
Por décima vez ~ *For the tenth time.*
Por derecho propio ~ *In one's own right.*
Por descontado ~ *Of course.*
Por desgracia ~ *Unfortunately.*
Por despecho ~ *Out of spite.*
Por detrás ~ *From behind / Behind.*
Por Dios! ~ *For goodness' sake!*
Por diversión ~ *For fun.*
Por docenas ~ *In dozens / By the dozen.*
Por dónde? ~ *Which way?*
Por duplicado ~ *In duplicate.*
Por ejemplo ~ *For example / For instance.*
Por el amor de Dios! ~ *For goodness' sake!*
Por el bien de todos ~ *For everybody's good / For
     everybody's sake.*
Por el camino ~ *On the way.*
Por el contrario ~ *On the contrary.*
Por el estilo ~ *Of that kind / Like that.*
Por el lado izquierdo ~ *On the left side.*
Por el momento ~ *For the time being / At the moment /
     At present / For the moment.*
Por el momento presente ~ *At the present time / For now / At
     present.*
Por el presente ~ *For the time being.*
Por elección ~ *By election / By choice.*
Por encima de toda sospecha ~ *Above suspicion.*
Por encima de una valla ~ *Over a fence.*
Por entonces ~ *At that time / About that time.*
Por envidia ~ *Out of envy.*

Por equivocación ~ *By mistake.*
Por error ~ *In error.*
Por esa razón ~ *For that reason.*
Por escrito ~ *In writing.*
Por eso ~ *That is why.*
Por eso es por lo que ~ *That is why.*
Por espacio de dos años ~ *Over two years / Over a two-year period.*
Por esta razón ~ *For this reason / That is why.*
Por esta sola vez ~ *For this once.*
Por estas fechas el año que viene ~ *This time next year.*
Por este medio ~ *By this means.*
Por experiencia ~ *By experience / From experience.*
Por experiencia propia ~ *From one's own experience.*
Por extraño que parezca ~ *Strange as it seems / Strange as it may appear.*
Por falta de ~ *For lack of / For want of.*
Por fin ~ *At last.*
Por fortuna ~ *Fortunately / Luckily.*
Por fuera ~ *On the outside.*
Por horas ~ *By the hour.*
Por hoy ~ *For the time being.*
Por indicación de ~ *At the suggestion of.*
Por la calle ~ *Along the street.*
Por la carretera ~ *Along the road.*
Por la fuerza ~ *By force.*
Por la gracia de Dios ~ *By the grace of God.*
Por la mañana ~ *In the morning.*
Por la misma razón ~ *For the same reason.*
Por la noche ~ *At night.*
Por la primera vez ~ *For the first time.*
Por la primera vez en mi vida ~ *For the first time in my life.*
Por la radio ~ *On the radio.*
Por la simple razón de que ~ *For the simple reason that.*
Por la tarde ~ *In the afternoon / In the evening.*
Por la televisión ~ *On the television.*
Por las buenas ~ *Willingly.*

Por las buenas o por las malas ~ *Willingly or unwillingly.*
Por las mañanas ~ *In the mornings.*
Por las tardes ~ *In the afternoons / In the evenings.*
Por lástima ~ *Out of pity.*
Por lo bajo ~ *Under one's breath / On the quiet.*
Por lo cual ~ *For which reason / Because of which.*
Por lo demás ~ *Apart from that.*
Por lo general ~ *In general / As a rule.*
Por lo menos ~ *At least.*
Por lo pronto ~ *For the time being / For the moment.*
Por lo que a esto respecta ~ *In this respect.*
Por lo que a mí respecta ~ *As far as I am concerned / So far as I am concerned / As for me.*
Por lo que me dice ~ *From what you tell me.*
Por lo que parece ~ *As it seems / To all appearances.*
Por lo que pueda pasar ~ *Just in case.*
Por lo que respecta a ~ *With regard to / As regards.*
Por lo que respecta a esto ~ *In this regard.*
Por lo que se dice ~ *From what they say.*
Por lo que se refiere a eso ~ *As for that / With regard to that.*
Por lo que se ve ~ *To all appearances / As far as can be seen.*
Por lo que tengo entendido ~ *From what I understand.*
Por lo que veo ~ *As far as I can see / From what I see.*
Por lo que yo sé ~ *As far as I know / From what I hear.*
Por lo regular ~ *As a rule.*
Por lo tanto ~ *So / Therefore.*
Por lo visto ~ *Apparently.*
Por los aires ~ *Through the air.*
Por los cuatro costados ~ *On all sides / Through and through.*
Por los siglos de los siglos ~ *For ever and ever.*
Por mar ~ *By sea.*
Por más de una hora ~ *For over an hour.*
Por medio de ~ *By means of.*
Por menos de nada ~ *For no reason at all.*
Por menos dinero ~ *For less money / At a lower cost.*

Por mi cuenta y riesgo ~ *At my own risk.*
Por mi parte ~ *For my part / As for me.*
Por mi propia iniciativa ~ *On my own initiative.*
Por miedo ~ *Out of fear.*
Por miedo a algo ~ *For fear of something.*
Por miedo a caerse ~ *For fear of falling down.*
Por millares ~ *In thousands / By the thousand.*
Por mucho que ~ *However much / No matter how much.*
Por mucho tiempo ~ *For a long time.*
Por muy caro que sea ~ *Expensive though it may be /*
    However expensive it might be.
Por muy fácil que parezca ~ *However easy it seems / No*
    matter how easy it may appear.
Por nada del mundo ~ *Not for love or money / Not for the*
    world.
Por naturaleza ~ *By nature.*
Por necesidad ~ *Out of necessity.*
Por no haberlo hecho ~ *For not having done it.*
Por no mencionar a Juan ~ *Not to mention John.*
Por orden del Dr. Brown ~ *By order of Dr. Brown /*
    On Dr. Brown's orders.
Por orden de la antigüedad ~ *In order of seniority.*
Por otra parte ~ *On the other hand.*
Por otro lado ~ *On the other hand.*
Por parejas ~ *In pairs / In twos.*
Por parte de alguien ~ *On someone's behalf / On someone's*
    part.
Por partes ~ *Bit by bit / Step by step.*
Por pereza ~ *Out of laziness.*
Por piedad ~ *Out of pity.*
Por placer ~ *For pleasure.*
Por poco tiempo ~ *For a short time.*
Por primera vez ~ *For the first time.*
Por primera vez en mi vida ~ *For the first time in my life.*
Por primera vez en muchos años ~ *For the first time in many*
    years.
Por principio ~ *On principle.*

Por pura casualidad ~ *Quite by chance / By sheer chance.*
Por qué no hacerlo? ~ *Why not do it?*
Por qué no? ~ *Why not?*
Por razones de seguridad ~ *For security reasons.*
Por radio ~ *By radio.*
Por regla general ~ *As a rule.*
Por si acaso ~ *In case / Just in case.*
Por si acaso ocurre algo ~ *In case anything should happen.*
Por si eso fuera poco ~ *As if that weren't enough.*
Por si llueve ~ *In case it rains.*
Por siempre ~ *Forever.*
Por siempre jamás ~ *For ever and ever.*
Por sorpresa ~ *By surprise.*
Por su cuenta y riesgo ~ *At your own risk.*
Por su orden ~ *In its turn.*
Por su propia cuenta (establecerse) ~ *For oneself.*
Por su propia cuenta (iniciativa) ~ *On one's own account.*
Por suerte ~ *By chance / Luckily.*
Por supuesto ~ *Of course.*
Por tanto ~ *So / Therefore.*
Por teléfono ~ *On the telephone.*
Por temor a alguien ~ *For fear of someone.*
Por temor a caerse ~ *For fear of falling down.*
Por temor a perder el empleo ~ *For fear one should lose
      one's job / For fear of losing one's job.*
Por término medio ~ *On average / On the average.*
Por tierra ~ *By land / Overland.*
Por tierra y por mar ~ *By land and sea.*
Por toda la ciudad ~ *All around the town.*
Por todas partes ~ *All around / All over / Everywhere.*
Por todo el lugar ~ *All over the place.*
Por todo el mundo ~ *All over the world / Throughout the
      world / All around the world.*
Por todos lados ~ *On every side / On all sides.*
Por turno (preguntas en clase) ~ *In turn.*
Por turnos (trabajos en una fábrica) ~ *In shifts.*
Por última vez ~ *For the last time.*

Por último ~ *Finally / At last.*
Por un momento ~ *For a moment.*
Por un túnel ~ *Through a tunnel.*
Por una parte ~ *On one hand.*
Por una razón o por otra ~ *For one reason or another.*
Por una sola vez ~ *Just for once.*
Por unanimidad ~ *With one voice / Unanimously.*
Por varias razones ~ *For various reasons.*
Por venganza ~ *Out of revenge.*
Por ventura ~ *By chance.*
Por vergüenza ~ *Out of shame.*
Portarse cortésmente con alguien ~ *To be polite to
    someone.*
Posarse en una rama ~ *To settle on a branch.*
Posibilidad de hacer algo ~ *Possibility of doing something.*
Practicar deportes ~ *To go in for sports.*
Precedido de algo ~ *Preceded by something.*
Precipitarse sobre alguien ~ *To rush at someone.*
Precisamente entonces ~ *Just then.*
Preferir hacer algo ~ *To prefer to do something / To prefer
    doing something.*
Preferir una cosa a otra ~ *To prefer one thing to another / To
    prefer one thing rather than another.*
Preguntar a alguien ~ *To ask someone.*
Preguntar algo a alguien ~ *To ask someone something.*
Preguntar el camino a alguien ~ *To ask someone the way.*
Preguntar el precio de algo ~ *To ask the price of something.*
Preguntar la hora a alguien ~ *To ask someone the time.*
Preguntar por algo ~ *To ask about something.*
Preguntar por algo a alguien ~ *To ask someone about
    something.*
Preguntar por la salud de alguien ~ *To ask after someone's
    health.*
Prender fuego a algo ~ *To set fire to something.*
Preocupado por alguien ~ *Anxious about someone.*
Preocupado por la salud de alguien ~ *Anxious about
    someone's health.*

Preocupar a alguien ~ *To make someone anxious.*
Preocuparse por algo ~ *To worry about something.*
Preocuparse por alguien ~ *To worry about someone.*
Preparado para algo ~ *Ready for something.*
Preparado para hacer algo ~ *Ready to do something.*
Preparar algo ~ *To get something ready.*
Preparar el desayuno ~ *To get breakfast ready.*
Preparar un examen ~ *To prepare for an examination.*
Prepararse para hacer algo ~ *To get ready to do something.*
Prescindir de algo ~ *To do without something.*
Presenciar un partido de fútbol ~ *To watch a football match.*
Presentar la dimisión ~ *To hand in one's resignation.*
Presentar una persona a otra ~ *To introduce one person to another.*
Presentar una queja ~ *To lodge a complaint / To make a complaint.*
Presentarse a un examen ~ *To take an examination / To sit for an examination.*
Presentarse a una competición ~ *To enter for a competition.*
Presentarse voluntario para hacer algo ~ *To volunteer to do something.*
Presentarse voluntario para una tarea ~ *To volunteer for a task.*
Presente en la reunión ~ *Present at the meeting.*
Presidir una reunión ~ *To preside at a meeting / To chair a meeting.*
Preso de pánico ~ *Seized with panic / Panic-stricken.*
Prestar algo a alguien ~ *To lend something to someone / To lend someone something.*
Prestar atención a algo ~ *To pay attention to something.*
Prestar juramento ~ *To take an oath.*
Presumir de algo ~ *To show off about something.*
Presumir de listo ~ *To think oneself very smart.*
Probar a hacer algo ~ *To try doing something.*
Probar el coche ~ *To try out the car / To test-drive the car / To give the car a test-run.*
Probar fortuna ~ *To try one's luck.*

Probar la sopa ~ *To taste the soup.*
Probar otra vez ~ *To try again.*
Probar suerte ~ *To try one's luck.*
Probarse un traje ~ *To try on a suit.*
Proceder contra alguien ~ *To take action against someone.*
Prohibir a alguien que haga algo ~ *To forbid someone to do something.*
Prohibir algo ~ *To forbid something.*
Prometer hacer algo ~ *To promise to do something.*
Pronunciar un discurso ~ *To make a speech.*
Pronunciarse a favor de alguien ~ *To declare oneself in favour of someone.*
Proponer algo ~ *To propose something.*
Proponer algo a alguien ~ *To propose something to someone.*
Proponer hacer algo ~ *To propose doing something.*
Proponer matrimonio a alguien ~ *To propose to someone.*
Proponer un nuevo plan ~ *To put forward a new plan.*
Proponerse hacer algo ~ *To intend to do something.*
Proporcionar algo a alguien ~ *To provide someone with something.*
Prorrumpir en lágrimas ~ *To burst into tears.*
Prosperar en los negocios ~ *To do well in business.*
Proteger a alguien de algo ~ *To protect someone from something.*
Protegido por algo ~ *Protected by something.*
Protegido por alguien ~ *Protected by someone.*
Protestar por algo ~ *To protest against something / To protest about something.*
Próxima inauguración ~ *Opening soon.*
Publicar un libro ~ *To publish a book.*
Puede ser que ~ *It may be that.*
Pues bien ~ *Well then.*
Punto de vista ~ *Point of view / Standpoint.*
Punto menos que imposible ~ *Next to impossible.*
Punto por punto ~ *Point by point.*
Punto y aparte ~ *Full stop, new paragraph.*

Q

Qué más? ~ *What else?*
Que yo recuerde ~ *As far as I can remember.*
Que yo sepa ~ *As far as I know.*
Quedan siete ~ *There are seven left.*
Quedar al margen de ~ *To be left out of.*
Quedar bien con alguien ~ *To please someone.*
Quedar en algo ~ *To agree on something.*
Quedar en hacer algo ~ *To agree to do something.*
Quedar en nada (un asunto) ~ *To come to nothing.*
Quedar en ridículo ~ *To make a fool of oneself.*
Quedar por hacer ~ *To remain to be done.*
Quedarse a medio camino ~ *To stop half-way.*
Quedarse a tomar el té ~ *To stay to tea.*
Quedarse asombrado ~ *To be amazed.*
Quedarse atrás ~ *To stay behind / To remain behind.*
Quedarse atrás (involuntariamente) ~ *To be left behind.*
Quedarse callado ~ *To keep quiet.*
Quedarse calvo ~ *To grow bald / To go bald.*
Quedarse con la vuelta (de un billete) ~ *To keep the change.*
Quedarse con una cosa ~ *To keep something.*
Quedarse de pie junto a la puerta ~ *To stand at the door.*
Quedarse dormido ~ *To fall asleep.*
Quedarse en casa ~ *To stay at home.*
Quedarse en cueros ~ *To be naked.*
Quedarse en la cama ~ *To stay in bed.*
Quedarse ensimismado ~ *To become absorbed.*
Quedarse inmóvil ~ *To remain motionless.*
Quedarse mirando a alguien ~ *To stand looking at someone.*
Quedarse mirando a alguien (fijamente) ~ *To stare at
    someone.*
Quedarse mudo ~ *To be struck dumb.*

Quedarse pálido ~ *To grow pale / To grow white.*
Quedarse parado ~ *To stand still.*
Quedarse perplejo ~ *To be at a loss.*
Quedarse rezagado ~ *To fall behind.*
Quedarse sin algo (por agotarse) ~ *To run out of something.*
Quedarse sin aliento ~ *To lose one's breath / To be left breathless.*
Quedarse sin dinero ~ *To run out of money.*
Quedarse sin habla ~ *To be left speechless.*
Quedarse soltera ~ *To remain unmarried / To be a spinster.*
Quedarse sordo ~ *To grow deaf.*
Quedarse traspuesto ~ *To nod off / To doze off.*
Quedarse tumbado sin moverse ~ *To lie still.*
Quejarse a alguien ~ *To complain to someone.*
Quejarse a alguien de algo ~ *To complain to someone about something / To complain about something to someone.*
Quejarse de algo ~ *To complain about something / To complain of something.*
Quejarse de alguien ~ *To complain about someone.*
Quemar algo ~ *To set fire to something / To burn something.*
Quemarse por completo (un papel) ~ *To burn up.*
Quemarse por completo (una casa) ~ *To burn down.*
Querer a alguien ~ *To love someone.*
Querer hacer algo ~ *To want to do something.*
Querer que alguien haga algo ~ *To want someone to do something.*
Quien más quien menos ~ *Everybody.*
Quién más? ~ *Who else?*
Quitar algo a alguien ~ *To take something away from someone.*
Quitar algo de la mesa ~ *To take something off the table.*
Quitar algo de un sitio ~ *To remove something from a place.*
Quitar de en medio (algo que estorba) ~ *To take out of the way / To move out of the way.*
Quitar el freno ~ *To take the brake off.*

Quitar el polvo de un libro (con un paño) ~ *To dust off a book.*

Quitar el polvo de un libro (soplando) ~ *To blow the dust off a book.*

Quitar la mesa ~ *To clear the table.*

Quitar la pintura ~ *To get the paint off / To remove the paint.*

Quitar la vida a alguien ~ *To take someone's life.*

Quitar una mancha ~ *To get a stain off / To remove a stain / To get a stain out.*

Quitar una mancha con el lavado ~ *To wash a stain off / To wash a stain out.*

Quitar una mancha de un vestido ~ *To remove a stain from a dress.*

Quitar una mancha frotando ~ *To rub off a stain.*

Quitarse algo de encima ~ *To get rid of something.*

Quitarse años ~ *To lie about one's age.*

Quitarse de en medio ~ *To get out of the way.*

Quitarse de fumar ~ *To give up smoking / To stop smoking.*

Quitarse el abrigo ~ *To take off one's coat.*

Quitarse la chaqueta ~ *To take off one's jacket.*

Quitarse la ropa ~ *To undress oneself / To take one's clothes off / To remove one's clothes.*

Quitarse los zapatos ~ *To take off one's shoes / To remove one's shoes.*

Quitarse un anillo del dedo ~ *To take a ring off one's finger.*

R

Rara vez ~ *Very seldom / Seldom / Rarely.*
Rascarse la cabeza ~ *To scratch one's head.*
Rasgar algo en dos ~ *To tear something in two.*
Rasgar algo en trocitos ~ *To tear something into bits.*
Rasgar algo por la mitad ~ *To tear something in half.*
Razón aquí ~ *Apply within.*
Razón de más para ~ *All the more reason to.*
Razonar sobre algo ~ *To reason about something.*
Reaccionar ante la noticia ~ *To react to the news.*
Reacio a hacer algo ~ *Reluctant to do something.*
Reanudar la marcha ~ *To set off again.*
Reanudar las clases ~ *To go back to school.*
Rebajas de zapatos ~ *Sale on shoes / Shoe sale.*
Rebelarse contra alguien ~ *To rebel against someone.*
Rebosar de salud ~ *To be glowing with health.*
Recapacitar sobre un asunto ~ *To think a matter over.*
Rechazar una invitación a una fiesta ~ *To refuse an invitation
	to a party.*
Rechazar una oferta ~ *To refuse an offer / To turn down an
	offer.*
Rechazar una petición ~ *To turn down a request.*
Rechinar los dientes ~ *To grind one's teeth / To gnash one's
	teeth.*
Recibir a alguien con los brazos abiertos ~ *To welcome
	someone with open arms.*
Recibir algo a cambio ~ *To receive something in exchange.*
Recibir algo de alguien ~ *To receive something from
	someone.*
Recibir un regalo ~ *To get a present.*
Recibir un tiro en el brazo ~ *To be shot in the arm / To get a
	bullet in the arm.*

Recibir una carta de alguien ~ *To receive a letter from someone.*

Recién pintado (cartel) ~ *Wet paint.*

Recitar algo de memoria ~ *To recite something by heart.*

Reclamar algo ~ *To claim something.*

Reclinarse hacia atrás ~ *To lean back / To lean backwards.*

Recobrar aliento ~ *To get one's breath back.*

Recobrar el conocimiento ~ *To regain consciousness / To come round / To come to.*

Recobrar fuerzas ~ *To recover strength.*

Recobrar la salud ~ *To recover one's health.*

Recobrarse de una enfermedad ~ *To recover from an illness / To get over an illness.*

Recoger algo del suelo ~ *To take something off the floor / To pick something up off the floor.*

Recoger la mesa ~ *To clear the table.*

Recogerse el pelo ~ *To put one's hair up / To tie one's hair back.*

Recogerse temprano ~ *To go home early.*

Recomendar a alguien para un puesto de trabajo ~ *To recommend someone for a job.*

Recomendar algo a alguien ~ *To recommend something to someone / To recommend someone something.*

Recomendar que alguien haga algo ~ *To recommend that someone should do something.*

Recompensar a alguien por algo ~ *To reward someone for something.*

Reconciliarse con alguien ~ *To be reconciled with someone.*

Reconocer a alguien ~ *To recognise someone.*

Reconocerse culpable ~ *To admit one's guilt.*

Reconquistar la ciudad al enemigo ~ *To win back the town from the enemy.*

Recordar a alguien ~ *To remember someone.*

Recordar a alguien que haga algo ~ *To remind someone to do something.*

Recordar algo a alguien ~ *To remind someone of something.*

Recordar haber hecho algo ~ *To remember doing something.*

Recordar hacer algo ~ *To remember to do something.*

Recostarse contra la pared ~ *To lean against the wall.*

Recuerdos a tu padre ~ *Remember me to your father.*

Recuperar el conocimiento ~ *To regain consciousness.*

Recuperar el juicio ~ *To come to one's senses.*

Recuperar el tiempo perdido ~ *To make up for lost time.*

Recuperarse de una enfermedad ~ *To recover from an illness.*

Recurrir a alguien para pedir ayuda ~ *To turn to someone for help.*

Redactar un contrato ~ *To draft a contract / To draw up a contract.*

Reducir a cenizas ~ *To burn to ashes.*

Reducir gastos ~ *To cut down on expenses / To reduce expenses.*

Reemplazado por otro profesor ~ *Replaced by another teacher.*

Reemplazar una cosa por otra ~ *To replace one thing by another / To replace one thing with another.*

Referente a esto ~ *In connection with this / Regarding this / Concerning this.*

Referirse a algo ~ *To refer to something.*

Referirse a alguien ~ *To refer to someone.*

Reflexionar sobre algo ~ *To think about something.*

Regalar algo ~ *To give something (away).*

Regalar algo a alguien ~ *To give someone something as a present.*

Regañar a alguien ~ *To give someone a scolding / To tell someone off.*

Regañar con alguien ~ *To quarrel with someone.*

Regañar por algo ~ *To quarrel about something / To quarrel over something.*

Regirse por algo ~ *To be guided by something.*

Registrarse en un hotel ~ *To check in at a hotel.*

Regresar a casa ~ *To go back home / To return home.*

Regresar a casa de la oficina ~ *To go home from the office / To return home from work.*

Regresar a la oficina ~ *To go back to the office / To get back to the office / To return to work.*

Regresar corriendo ~ *To run back.*

Regresar de un lugar ~ *To come back from somewhere / To return from somewhere.*

Regresar de un viaje ~ *To be back from a journey / To get back from a trip.*

Rehusar una invitación ~ *To decline an invitation.*

Reinar en un país ~ *To reign over a country.*

Reírse a carcajadas ~ *To roar with laughter / To split one's sides laughing.*

Reírse de algo ~ *To laugh at something.*

Reírse de alguien ~ *To laugh at someone.*

Relacionado con esto ~ *Related to this / In relation to this.*

Relatar una historia ~ *To tell a story.*

Rellenar un formulario ~ *To fill in a form / To fill out a form.*

Rellenar un hueco ~ *To fill in a gap.*

Remorderle a uno la conciencia ~ *To have a guilty conscience.*

Remover el café ~ *To stir the coffee.*

Remover un asunto ~ *To stir up a matter.*

Rendido de cansancio ~ *All in / Worn out.*

Rendir cuentas ~ *To account for one's actions.*

Rendir las armas ~ *To surrender weapons.*

Rendirse a la tentación ~ *To yield to temptation.*

Rendirse al enemigo ~ *To surrender to the enemy.*

Rendirse sin lucha ~ *To surrender oneself without struggle / To give up without a fight.*

Renunciar a un proyecto ~ *To give up a project.*

Reñir con alguien ~ *To quarrel with someone / To fall out with someone.*

Reñir por algo ~ *To quarrel about something.*

Reparar en detalles ~ *To pay attention to details.*

Repartir libros ~ *To give out books / To distribute books.*

Repartir prospectos ~ *To give out handbills.*

Repasar una cuenta ~ *To go over an account.*

Repasar una lección ~ *To go over a lesson / To revise a lesson.*

Repetidas veces ~ *Over and over again / Time after time / Repeatedly / Time and time again.*

Repetir algo ~ *To do something over again.*

Repetir de memoria ~ *To repeat by heart.*

Repetir un curso ~ *To repeat a year.*

Replicar de forma insolente ~ *To answer back.*

Reponerse de una enfermedad ~ *To recover from an illness / To get over an illness.*

Representar un papel ~ *To play a role / To play a part.*

Representar una obra de teatro ~ *To perform a play.*

Reprimir la risa ~ *To keep a straight face / To suppress laughter.*

Rescatar a alguien de ~ *To rescue someone from.*

Reservar una plaza ~ *To reserve a seat / To book a seat.*

Resguardarse de algo ~ *To shelter from something.*

Resguardarse detrás de algo ~ *To take shelter behind something.*

Resignarse a algo ~ *To resign oneself to something.*

Resignarse a hacer algo ~ *To resign oneself to doing something.*

Resignarse uno con su suerte ~ *To be resigned to one's lot / To resign oneself to one's fate.*

Resistir a la tentación ~ *To resist temptation.*

Resistir el golpe ~ *To withstand the shock.*

Resolver un problema ~ *To work out a problem / To solve a problem.*

Respecto a ~ *With regard to.*

Respetar a alguien ~ *To respect someone.*

Respetar la ley ~ *To keep the law / To keep within the law.*

Respeto por alguien ~ *Respect for someone.*

Respirar con dificultad ~ *To breathe with difficulty.*

Respirar profundamente ~ *To take a deep breath / To breathe deeply.*

Responder a alguien ~ *To reply to someone.*

Responder a un tratamiento médico ~ *To respond to medical treatment.*

Responder a una carta ~ *To reply to a letter / To answer a letter.*

Responder a una descripción ~ *To answer to a description.*

Responder a una pregunta ~ *To answer a question.*

Responder al nombre de ~ *To answer to the name of / To go by the name of.*

Responder de algo ~ *To answer for something.*

Responder de forma insolente ~ *To answer back.*

Responder por alguien (avalarle) ~ *To vouch for someone.*

Responder por alguien (en su lugar) ~ *To answer on someone's behalf.*

Responder sin vacilar ~ *To answer up.*

Responsable de algo ~ *Responsible for something.*

Restablecer el orden ~ *To restore order.*

Restar 5 de 15 ~ *To take 5 from 15 / To subtract 5 from 15.*

Restaurar el orden ~ *To restore order.*

Resulta que ~ *It turns out that.*

Resultar ileso ~ *To be unhurt / To come out unscathed.*

Retar a alguien a hacer algo ~ *To dare someone to do something.*

Retirar una silla (al levantarse) ~ *To push back a chair.*

Retirarse a dormir ~ *To go to bed.*

Retirarse con una pensión ~ *To retire on a pension.*

Retirarse de los negocios ~ *To retire from business.*

Retorcerse de dolor ~ *To writhe in pain.*

Retrasar un reloj ~ *To put a clock back.*

Retroceder de un salto ~ *To spring back.*

Retroceder un paso ~ *To take a step back.*

Reunirse con alguien ~ *To meet someone.*

Revelar a alguien un secreto ~ *To let someone into a secret / To tell someone a secret.*

Revelar algo a alguien ~ *To reveal something to someone.*

Rezar el rosario ~ *To tell one's beads / To say the rosary.*

Rezar por algo ~ *To pray for something.*

Rezar por alguien ~ *To pray for someone.*

Rico en vitaminas ~ *Rich in vitamins.*
Rimar con ~ *To rhyme with.*
Río abajo ~ *Downstream.*
Río arriba ~ *Upstream.*
Robar a alguien ~ *To rob someone.*
Robar algo ~ *To steal something.*
Robar algo a alguien ~ *To rob someone of something / To steal something from someone.*
Robar el dinero del cajón ~ *To steal the money from the drawer.*
Robar un banco ~ *To rob a bank.*
Rodar por las escaleras ~ *To fall down the stairs.*
Rodar un film ~ *To shoot a film / To make a film / To film a movie.*
Rodeado de libros ~ *Surrounded by books.*
Rogar a alguien que haga algo ~ *To request someone to do something.*
Romper a hervir ~ *To come to the boil.*
Romper a llorar ~ *To burst into tears / To burst out crying.*
Romper con alguien ~ *To break off with someone / To break up with someone.*
Romper con el pasado ~ *To break with the past.*
Romper el corazón a alguien ~ *To break someone's heart.*
Romper el hielo ~ *To break the ice.*
Romper en dos ~ *To break in two / To break in half.*
Romper las amistades ~ *To break off a friendship.*
Romper las relaciones ~ *To break off relations.*
Romper un compromiso ~ *To break off an engagement.*
Romper una promesa ~ *To break a promise.*
Romperse un brazo ~ *To break one's arm.*
Rozarse con alguien ~ *To rub shoulders with someone.*
Rugir de rabia ~ *To roar with anger.*

S

Saber a queso ~ *To taste of cheese.*
Saber algo de memoria ~ *To know something by heart.*
Saber bien ~ *To taste good / To have a nice taste / To taste nice.*
Saber de alguien (directamente) ~ *To hear from someone.*
Saber de alguien (indirectamente) ~ *To hear of someone / To hear about someone.*
Saber de carrerilla ~ *To know by heart / To know backwards.*
Saber hacer algo ~ *To know how to do something.*
Saber la respuesta a una pregunta ~ *To know the answer to a question.*
Saber mal ~ *To taste nasty / To taste bad / To have a bad taste.*
Sacar a alguien a bailar ~ *To ask someone to dance.*
Sacar a alguien a rastras ~ *To drag someone out.*
Sacar a alguien de apuros ~ *To get someone out of difficulty.*
Sacar a alguien de paseo ~ *To take someone out for a walk.*
Sacar a alguien de quicio ~ *To infuriate someone.*
Sacar a la luz ~ *To publish / To bring to light.*
Sacar a subasta ~ *To put up for auction.*
Sacar a uno de sus dudas ~ *To settle someone's doubts.*
Sacar algo ~ *To take something out.*
Sacar algo a colación ~ *To make mention of something / To bring something up.*
Sacar algo a pulso ~ *To succeed against all odds.*
Sacar algo a relucir ~ *To bring something out.*
Sacar algo de un cajón ~ *To take something out of a drawer / To take something from a drawer.*
Sacar algo del bolsillo ~ *To take something out of one's pocket.*
Sacar conclusiones ~ *To draw conclusions.*

Sacar dinero (del banco) ~ *To take out some money / To draw out some money.*

Sacar el mayor partido de algo ~ *To get the best from something / To make the most of something.*

Sacar el pecho ~ *To stick one's chest out.*

Sacar en conclusión que ~ *To draw the conclusion that / To come to the conclusion that.*

Sacar faltas a algo ~ *To find fault with something.*

Sacar faltas a alguien ~ *To find fault with someone.*

Sacar la lengua ~ *To put out one's tongue / To stick one's tongue out.*

Sacar los colores a alguien ~ *To make someone blush.*

Sacar partido de algo ~ *To take advantage of something.*

Sacar provecho de algo ~ *To benefit from something / To profit from something.*

Sacar punta a un lápiz ~ *To sharpen a pencil.*

Sacar un asunto a colación ~ *To bring up a subject.*

Sacar un corcho ~ *To pull a cork out.*

Sacar un tema de conversación ~ *To bring up a topic of conversation.*

Sacar un vestido (en costura) ~ *To let out a dress.*

Sacar una conclusión ~ *To draw a conclusion.*

Sacar una copia ~ *To make a copy.*

Sacar una espada ~ *To draw a sword.*

Sacar una foto ~ *To take a picture.*

Sacar una moraleja de un cuento ~ *To draw a moral from a story.*

Sacar una muela ~ *To pull out a tooth.*

Sacar una pistola ~ *To pull a gun.*

Sacar ventaja a ~ *To be ahead of.*

Sacar ventaja de ~ *To benefit from / To profit from.*

Sacarse una historia de la cabeza ~ *To make up a story inside one's head.*

Sacarse una muela ~ *To have a tooth out / To have a tooth pulled out.*

Sacrificarse por alguien ~ *To devote oneself to someone.*

Sacudir a alguien un golpe ~ *To deal someone a blow.*

Saldar una deuda ~ *To pay off a debt / To settle a debt.*
Salir a cenar ~ *To go out to dinner.*
Salir a dar un paseo ~ *To go out for a walk.*
Salir a la calle ~ *To go out into the street.*
Salir a la luz ~ *To come to light.*
Salir adelante ~ *To get on / To get by.*
Salir airoso ~ *To come out successfully / To come out with flying colours.*
Salir al balcón ~ *To come out on to the balcony.*
Salir al encuentro de alguien ~ *To go out to meet someone.*
Salir al escenario ~ *To appear on the stage / To come out on the stage.*
Salir al extranjero ~ *To go abroad / To go overseas.*
Salir al mercado (un producto) ~ *To come on to the market.*
Salir barato ~ *To turn out to be cheap.*
Salir bien (algo) ~ *To come right / To turn out well.*
Salir bien de una operación ~ *To come through an operation.*
Salir caro ~ *To turn out to be expensive.*
Salir corriendo ~ *To run away / To run off.*
Salir corriendo a casa ~ *To run away home.*
Salir de casa ~ *To leave home / To leave the house.*
Salir de la cama ~ *To get out of bed.*
Salir de la habitación ~ *To go out of the room / To leave the room.*
Salir de Londres ~ *To leave London.*
Salir de paseo ~ *To go out for a walk.*
Salir de un apuro ~ *To get out of trouble.*
Salir de un coche ~ *To get out of a car.*
Salir de un lugar ~ *To come out of somewhere / To go out of somewhere.*
Salir de un lugar (partir) ~ *To leave somewhere / To set out from somewhere / To depart from somewhere.*
Salir de una enfermedad ~ *To get over an illness.*
Salir de vacaciones ~ *To leave for one's holiday / To go away on holiday.*
Salir de viaje ~ *To start on a journey / To set out on a journey.*

Salir del paso ~ *To get out of the difficulty / To get out of trouble.*

Salir del puerto (un barco) ~ *To leave harbour / To leave port.*

Salir del trabajo ~ *To leave work.*

Salir disparado ~ *To dash out / To be off like a shot.*

Salir en coche para Madrid ~ *To drive off towards Madrid.*

Salir en la televisión ~ *To appear on television.*

Salir ganando ~ *To get the best of the bargain.*

Salir mal (algo) ~ *To go wrong / To turn out badly.*

Salir para casa ~ *To start off for home / To leave for home / To set off home.*

Salir para comer ~ *To go out to lunch.*

Salir para un lugar ~ *To leave for somewhere / To set out for somewhere / To start off for somewhere.*

Salir por la noche ~ *To have a night out / To go out at night.*

Salir por la parte posterior ~ *To go out at the back / To go out through the back door.*

Salir precipitadamente ~ *To rush out.*

Salirle a uno una erupción cutánea ~ *To have a rash / To break out in a rash.*

Salirse con la suya ~ *To have one's own way / To get one's own way.*

Salirse de la carretera (con el coche) ~ *To drive off the road / To go off the road.*

Salirse de lo corriente ~ *To be out of the ordinary.*

Salirse del tema ~ *To get off the subject.*

Salirse por la tangente ~ *To go off at a tangent.*

Saltar a la vista ~ *To be obvious.*

Saltar al agua ~ *To jump into the water.*

Saltar de alegría ~ *To jump for joy.*

Saltar de la cama ~ *To jump out of bed.*

Saltar desde un árbol al suelo ~ *To jump down from a tree/ To jump down out of a tree.*

Saltar por encima de algo ~ *To jump over something.*

Saltar por una ventana ~ *To jump out of a window.*

Saltar un muro ~ *To jump over a wall.*

Saltarse un semáforo ~ *To jump the lights.*
Saludar a alguien al pasar ~ *To greet someone in passing.*
Saludar a alguien con la cabeza ~ *To nod to someone.*
Saludar a alguien con la mano ~ *To wave to someone.*
Saludar a alguien efusivamente ~ *To greet someone warmly.*
Salvando ciertos errores ~ *Except for a few mistakes.*
Salvar a alguien de ahogarse ~ *To save someone from drowning.*
Salvar a alguien de un peligro ~ *To save someone from danger.*
Salvar la vida de alguien ~ *To save someone's life.*
Salvar las apariencias ~ *To keep up appearances.*
Salvarse por los pelos ~ *To have a narrow escape.*
Salvo error u omisión ~ *Errors and omissions excepted.*
Sano y salvo ~ *Safe and sound.*
Satisfacción de hacer algo bien ~ *Satisfaction in doing something well.*
Se acabó ~ *It's all over / That's it / That's all.*
Se alquila habitación ~ *Room to let.*
Se alquila una casa ~ *House to let.*
Se alquilan bicicletas ~ *Bicycles for hire.*
Se cuentan por miles ~ *There are thousands of them.*
Se dice antes que se hace ~ *It's easier said than done.*
Se dice que ~ *It is said that.*
Se espera que ~ *It is to be hoped that / It is expected that.*
Se habla inglés ~ *English spoken.*
Se lo tiene merecido ~ *(It) serves him right.*
Se observará que ~ *It will be observed that / It will be noticed that.*
Se prohibe aparcar ~ *No parking.*
Se prohibe el paso ~ *No entry / Keep out.*
Se prohibe fijar carteles ~ *Post no bills / Stick no bills / No bill posters.*
Se prohibe fumar ~ *No smoking.*
Se remonta a ~ *It goes back to.*
Se rumorea que ~ *It is rumoured that.*
Se sabe que ~ *It is known that.*

Se tiene la creencia de que ~ *There is a belief that.*
Se vende o se alquila ~ *For sale or to let.*
Sea bienvenido ~ *You are welcome.*
Sea como fuere ~ *In any case / Be that as it may.*
Sea lo que sea ~ *Whatever it may be.*
Secarse frotándose ~ *To rub oneself dry.*
Secarse las manos con una toalla ~ *To dry one's hands on a towel.*
Seguido de algo ~ *Followed by something.*
Seguir a distancia ~ *To follow at a distance.*
Seguir adelante ~ *To go straight on / To go on.*
Seguir andando ~ *To walk on / To keep walking / To go on walking.*
Seguir con algo ~ *To go on with something.*
Seguir con lo que se está haciendo ~ *To go on with what one is doing.*
Seguir de pie ~ *To stay standing / To stay on one's feet / To remain standing.*
Seguir derecho ~ *To go straight ahead / To go straight on.*
Seguir el ejemplo de alguien ~ *To follow someone's example.*
Seguir en cartel (una obra) ~ *To still be showing.*
Seguir hablando sin parar ~ *To talk on and on / To talk and talk.*
Seguir haciendo algo ~ *To go on doing something.*
Seguir haciendo algo (repetidas veces) ~ *To keep doing something.*
Seguir la pista de alguien ~ *To be on someone's track.*
Seguir los consejos de alguien ~ *To follow someone's advice.*
Seguir los pasos a alguien (de cerca) ~ *To keep track of someone.*
Seguir los pasos de alguien (imitar) ~ *To follow in someone's footsteps.*
Seguir su camino ~ *To go (on) one's way / To keep on going.*
Seguir todo recto ~ *To keep straight on / To go straight ahead.*
Seguir uno a otro ~ *To follow one another.*
Seguirle a alguien la corriente ~ *To humour someone.*

Según convenga ~ *Whatever is most suitable / Whatever is most fitting.*
Según el caso ~ *As the case may be.*
Según las apariencias ~ *To all appearances.*
Según lo veo ~ *As I see it.*
Según mi forma de pensar ~ *To my way of thinking.*
Según mi opinión ~ *In my opinion.*
Según mis conocimientos ~ *To my knowledge / From what I know.*
Según parece ~ *As it seems.*
Según pasa el tiempo ~ *As time goes on / As time goes by.*
Según pasan los años ~ *As the years go by.*
Según se desee ~ *At will / As one wishes.*
Según sea el caso ~ *As the case may be.*
Según y cómo ~ *Depending on how.*
Seis grados bajo cero ~ *Six degrees below zero.*
Seis grados sobre cero ~ *Six degrees above zero.*
Seleccionado de entre diez ~ *Selected from among ten / Chosen from among ten / Selected out of ten / Chosen from ten.*
Seleccionar algo ~ *To pick something out / To choose something.*
Sembrar el pánico ~ *To cause panic.*
Semejanza con alguien ~ *Resemblance to someone.*
Semejanza entre dos personas ~ *Resemblance between two people / Likeness between two people.*
Sensación de caerse ~ *Sensation of falling down.*
Sensible al agua ~ *Sensitive to water.*
Sentado a una mesa ~ *Sitting at a table.*
Sentar como un guante ~ *To fit like a glove.*
Sentar la cabeza ~ *To come to one's senses.*
Sentar un precedente ~ *To set a precedent.*
Sentarse a charlar ~ *To sit down for a chat.*
Sentarse a la mesa a comer ~ *To sit down to lunch.*
Sentarse a la sombra ~ *To sit down in the shade.*
Sentarse a una mesa ~ *To sit down at a table.*
Sentarse al piano ~ *To sit at the piano.*

Sentarse al volante ~ *To sit at the wheel.*
Sentarse alrededor de una mesa ~ *To sit round a table.*
Sentarse en cuclillas ~ *To squat.*
Sentarse en el suelo ~ *To sit down on the ground / To sit down on the floor.*
Sentarse en el suelo con las piernas cruzadas ~ *To sit cross-legged on the floor.*
Sentarse en un sillón ~ *To sit down in an armchair.*
Sentarse en una silla ~ *To sit down on a chair.*
Sentarse enfrente de alguien ~ *To sit opposite someone.*
Sentarse enfrente de la televisión ~ *To sit in front of the television set.*
Sentarse para comer ~ *To sit at lunch / To sit down (to have) lunch.*
Sentarse uno enfrente de otro ~ *To sit opposite each other.*
Sentenciado a cadena perpetua ~ *Sentenced to life imprisonment / Given a life-sentence.*
Sentenciado a muerte ~ *Sentenced to death / Given the death-sentence.*
Sentenciado a prisión ~ *Sentenced to imprisonment.*
Sentenciado a trabajos forzados ~ *Sentenced to hard labour.*
Sentir admiración por alguien ~ *To feel admiration for someone.*
Sentir afecto por alguien ~ *To feel affection for someone.*
Sentir amor por alguien ~ *To be in love with someone.*
Sentir curiosidad por saber algo ~ *To be curious to know something.*
Sentir haber hecho algo ~ *To regret doing something / To regret having done something.*
Sentir hambre ~ *To feel hungry / To be hungry.*
Sentir pena por alguien ~ *To feel pity for someone / To be sorry for someone.*
Sentirlo mucho ~ *To be terribly sorry.*
Sentirse a disgusto ~ *To feel ill at ease.*
Sentirse a gusto ~ *To feel comfortable.*
Sentirse a sus anchas ~ *To feel comfortable / To feel at home.*
Sentirse bien ~ *To feel well.*

Sentirse con ánimo para hacer algo ~ *To be in the mood for doing something / To feel like doing something.*

Sentirse con ganas de hacer algo ~ *To feel like doing something.*

Sentirse culpable ~ *To feel guilty.*

Sentirse deprimido ~ *To feel blue.*

Sentirse mal ~ *To feel ill.*

Sentirse violento ~ *To be embarrassed / To feel awkward.*

Señalar a alguien con el dedo ~ *To point to someone / To point at someone.*

Señalar algo con el dedo ~ *To point to something / To point at something.*

Señalar en esa dirección ~ *To point in that direction.*

Separado de otros ~ *Separate from others.*

Separar una cosa de otra ~ *To separate one thing from another.*

Ser adecuado para un propósito ~ *To answer the purpose.*

Ser aficionado a algo ~ *To be fond of something / To be keen on something.*

Ser aficionado a hacer algo ~ *To be fond of doing something / To be keen on doing something.*

Ser amable con alguien ~ *To be kind to someone / To be nice to someone.*

Ser arrestado por conducir borracho ~ *To be arrested for drunken driving.*

Ser atropellado por un coche ~ *To be run over by a car.*

Ser bueno con los animales ~ *To be kind to animals.*

Ser capaz de hacer algo ~ *To be capable of doing something.*

Ser como de la familia ~ *To be like one of the family.*

Ser conocido con el nombre de ~ *To go by the name of.*

Ser cortés con alguien ~ *To be polite to someone.*

Ser cosa de vida o muerte ~ *To be a matter of life and death / To be a life-or-death matter.*

Ser cruel con alguien ~ *To be cruel to someone / To be unkind to someone.*

Ser de buena familia ~ *To be from a good family / To come from a good family.*

Ser de interés para alguien ~ *To be of interest to someone.*
Ser de la misma opinión ~ *To be of the same opinion.*
Ser de la opinión de que ~ *To be of the opinion that.*
Ser de pocas palabras ~ *Not to be very talkative / To be a man of few words.*
Ser de provecho ~ *To be useful.*
Ser de recibo ~ *To be acceptable.*
Ser de última moda ~ *To be the latest fashion.*
Ser de valor para alguien ~ *To be of value to someone.*
Ser del agrado de uno ~ *To be to one's liking.*
Ser despedido del trabajo ~ *To be dismissed from one's job.*
Ser divertido ~ *To be amusing.*
Ser dueño de la situación ~ *To be in control of the situation / To be the master of the situation.*
Ser duro con alguien ~ *To be hard on someone / To be harsh with someone.*
Ser el primero en venir ~ *To be the first to come.*
Ser el último de la clase ~ *To be at the bottom of the class.*
Ser engañado ~ *To be taken in.*
Ser famoso por algo ~ *To be famous for something.*
Ser fiel hasta el final ~ *To be faithful to the end.*
Ser grosero con alguien ~ *To be rude to someone.*
Ser iguales ~ *To be alike / To be equal / To be the same.*
Ser indiscutible ~ *To be unquestionable.*
Ser injusto con alguien ~ *To be unjust to someone.*
Ser inútil ~ *To be of no use / To be unnecessary / To be useless.*
Ser la envidia de todo el mundo ~ *To be the envy of everybody.*
Ser licenciado en ciencias ~ *To have a degree in science / To hold a science degree.*
Ser lógico ~ *To stand to reason / To be logical.*
Ser mayor de edad ~ *To be of age.*
Ser mejor ~ *To be better.*
Ser menor de edad ~ *To be under age.*
Ser muy atento (con alguien) ~ *To be all attention.*
Ser natural de ~ *To come from.*

Ser optimista ~ *To be an optimist / To be optimistic.*
Ser otro hombre ~ *To be a changed man / To be a different man.*
Ser pagado por horas ~ *To be paid by the hour.*
Ser pariente de alguien ~ *To be related to someone / To be someone's relative.*
Ser partidario de algo ~ *To be in favour of something.*
Ser peor ~ *To be worse.*
Ser persona acomodada ~ *To be well off / To be comfortably off.*
Ser pesimista ~ *To look on the dark side of things / To be a pessimist / To be pessimistic.*
Ser pesimista respecto al futuro ~ *To be a pessimist about the future.*
Ser preferible a ~ *To be preferable to.*
Ser puntual ~ *To be on time / To be punctual.*
Ser responsable de algo ~ *To be responsible for something.*
Ser severo con alguien ~ *To be hard on someone / To be harsh with someone.*
Ser simpático con alguien ~ *To be very nice to someone.*
Ser testarudo ~ *To be stubborn.*
Ser todo oídos ~ *To be all ears.*
Ser tomado por alguien ~ *To be taken for someone else.*
Ser un borracho ~ *To be a drunkard.*
Ser un chismoso ~ *To be a gossip.*
Ser un genio en matemáticas ~ *To be a genius in mathematics.*
Ser un manojo de nervios ~ *To be a bundle of nerves.*
Ser un misterio para alguien ~ *To be a mystery to someone.*
Ser un pelmazo ~ *To be a bore.*
Ser una experiencia para alguien ~ *To be an experience for someone.*
Ser una molestia ~ *To be a nuisance.*
Serle a uno algo familiar ~ *To be familiar with something.*
Serle a uno igual ~ *To be all the same to one.*
Sermonear a alguien ~ *To be on at someone / To preach to someone.*

215

Serrar en troncos ~ *To saw into logs.*
Servir de ayuda ~ *To be of help.*
Servir de excusa ~ *To serve as an excuse.*
Servir el té ~ *To pour out the tea / To serve tea.*
Servir para hacer algo ~ *To be used for doing something.*
Servirse de algo ~ *To make use of something.*
Servirse un trozo de pastel ~ *To help oneself to a piece of
    cake.*
Si acaso ~ *If by any chance.*
Si al menos ~ *If only.*
Si algo sale mal ~ *If anything goes wrong.*
Si bien ~ *Even though.*
Si bien recuerdo ~ *If I remember rightly.*
Si buenamente puedes ~ *If you possibly can.*
Si el tiempo lo permite ~ *Weather permitting.*
Si es así ~ *If so.*
Si es necesario ~ *If necessary.*
Si es posible ~ *If possible.*
Si fuese verdad! ~ *If only it were true!*
Si llego a saberlo ~ *If only I had known.*
Si lo rompes, lo pagas ~ *If you drop it, you own it / If you
    drop it, you pay for it.*
Si mal no recuerdo ~ *If I remember correctly / As far as I can
    remember.*
Si no fuese porque ~ *But for the fact that / If it weren't for
    the fact that.*
Si no me falla la memoria ~ *If my memory does not fail me /
    If my memory serves me correctly.*
Si no tiene inconveniente ~ *If you don't mind / If you have no
    objection.*
Si ocurre lo peor ~ *If the worst happens / If it comes to the
    worst.*
Si partimos de la base de que ~ *If we start with the premise
    that / If we assume that / Taking as a basis.*
Si se compara A con B ~ *If A is compared with B.*
Si se da el caso ~ *If that happens / If that should happen /
    Should it happen / In that case.*

Si se presenta la ocasión ~ *If the occasion arises / If you have the opportunity.*

Si se tercia ~ *Should the occasion arise.*

Si surge la ocasión ~ *Should the occasion arise.*

Si todo va bien ~ *If everything goes well.*

Siempre pasa lo mismo ~ *It's always the same.*

Siempre y cuando ~ *Provided that / As long as.*

Significar mucho para alguien ~ *To mean a lot to someone.*

Silenciar algo ~ *To hush something up.*

Simpatizar con alguien ~ *To take to someone / To be taken with someone.*

Simular hacer algo ~ *To pretend to do something.*

Sin aliento ~ *Out of breath.*

Sin antelación ~ *Without notice.*

Sin apresurarse ~ *Taking one's time / Without hurrying.*

Sin avisar ~ *Without warning.*

Sin ayuda ~ *Without help / With no assistance.*

Sin ceremonias ~ *Without ceremony.*

Sin chistar ~ *Without saying a word.*

Sin comparación ~ *Beyond compare.*

Sin compromiso ~ *Without obligation.*

Sin contar eso ~ *Not counting that.*

Sin daño ~ *Without damage.*

Sin decir palabra ~ *Without saying a word.*

Sin demora ~ *Without delay.*

Sin dificultad ~ *Without difficulty.*

Sin dinero ~ *Without money / Penniless / Broke.*

Sin duda ~ *No doubt / Without doubt.*

Sin duda alguna ~ *Beyond all doubt / No doubt at all.*

Sin embargo ~ *However / Nevertheless.*

Sin empleo ~ *Out of work / Unemployed.*

Sin estrenar ~ *Brand-new.*

Sin excepción ~ *Without exception.*

Sin éxito ~ *Without success.*

Sin falta ~ *Without fail.*

Sin fin ~ *Without end / Endless.*

Sin hacer caso de ~ *Regardless of / Taking no notice of.*
Sin hacer nada ~ *Without doing anything.*
Sin importancia ~ *Of no account / Of no importance.*
Sin inmutarse ~ *Without batting an eyelid.*
Sin interrupción ~ *Without a break / Without interruption.*
Sin la menor duda ~ *Without the slightest doubt.*
Sin lugar a dudas ~ *There is no doubt.*
Sin más comentarios ~ *Without further comment / With no further comment.*
Sin más demora ~ *Without further delay / With no further delay.*
Sin más ni más ~ *Without further ado / Without more ado.*
Sin mencionar a John ~ *To say nothing of John / Not to mention John.*
Sin motivo ~ *For no reason at all / Without any reason.*
Sin ninguna duda ~ *As sure as can be / Without (any) doubt.*
Sin novedad ~ *Nothing new.*
Sin omitir nada ~ *In full / Leaving nothing out.*
Sin orden ni concierto ~ *Without rhyme or reason.*
Sin pagar (no pagado) ~ *Unpaid.*
Sin par ~ *Matchless.*
Sin parar ~ *On and on.*
Sin pararse a pensar ~ *Without stopping to think.*
Sin pensar ~ *Without thinking.*
Sin pérdida de tiempo ~ *Without delay / With no time wasted.*
Sin pestañear ~ *Without batting an eyelid.*
Sin precedente ~ *Without precedent.*
Sin previo aviso ~ *Without warning / Without notice / With no warning.*
Sin prisa ~ *In no hurry / With no rush.*
Sin que le preguntaran ~ *Without being asked.*
Sin que nadie lo sepa ~ *Without anybody knowing it.*
Sin querer ~ *Unintentionally / By accident.*
Sin razón alguna ~ *For no reason at all.*
Sin reparar en gastos ~ *Regardless of the cost / Sparing no expense.*
Sin reparo ~ *Without consideration.*

Sin respirar ~ *Without stopping for breath.*
Sin resultado alguno ~ *Without any result / With no result.*
Sin rival ~ *Matchless / Unrivalled.*
Sin rodeos ~ *Straight to the point / With no beating about the bush.*
Sin saber nada de ello ~ *Without knowing anything about it.*
Sin tacha ~ *Flawless / Unblemished.*
Sin tardar ~ *Without delay.*
Sin tener en consideración algo ~ *Regardless of something / Without giving something any consideration.*
Sin tener en cuenta las consecuencias ~ *Regardless of the consequences.*
Sin tener nada que ver con ello ~ *Without having anything to do with it.*
Sin ton ni son ~ *Without rhyme or reason / With no rhyme or reason.*
Sin trabajo ~ *Out of work / Unemployed.*
Sin vacilar ~ *Without hesitation / Unhesitatingly.*
Sintonizar una emisora ~ *To tune in to a radio station.*
Sirva de aviso ~ *Let this be a warning.*
So pena de muerte ~ *Under penalty of death / On pain of death.*
Sobornar a alguien ~ *To buy someone / To bribe someone.*
Sobran cinco libros ~ *There are five books too many / There are five books left over.*
Sobran los detalles ~ *The details are not necessary.*
Sobrarle tiempo (a alguien) ~ *To have plenty of time.*
Sobre cero ~ *Above zero.*
Sobre el nivel del mar ~ *Above sea-level.*
Sobre la marcha ~ *As you go along / On the way.*
Sobre las ocho ~ *About eight o'clock.*
Sobre manera ~ *Exceedingly.*
Sobre poco más o menos ~ *Just about / More or less.*
Sobre seguro ~ *Without any risk / Safely.*
Sobre todas las cosas ~ *Above all things.*
Sobre todo ~ *Above all.*
Sobre todo cuando llueve ~ *Especially when it rains.*

Sobrecogerse de miedo ~ *To be seized with fear.*
Solamente por esta vez ~ *Just this once.*
Solamente una cosa más ~ *Just one more thing.*
Solamente una vez ~ *Just once.*
Solicitar algo de alguien ~ *To request something from someone.*
Solicitar el divorcio ~ *To sue for divorce.*
Solicitar un empleo ~ *To apply for a job / To apply for a position.*
Solicitar un préstamo ~ *To apply for a loan.*
Solicitar un trabajo ~ *To apply for a job.*
Solicitar una entrevista ~ *To request an interview.*
Sólo con pensarlo ~ *Just the thought of it.*
Sólo el tiempo lo dirá ~ *Only time will tell.*
Sólo en algunos aspectos ~ *Only in some ways.*
Sólo es cuestión de tiempo ~ *It's only a matter of time.*
Sólo por esta vez ~ *Just this once.*
Soltar a alguien bajo fianza ~ *To release someone on bail.*
Soltar a alguien de la cárcel ~ *To release someone from prison / To free someone from jail.*
Soltar a un animal ~ *To let an animal loose.*
Soltar un taco ~ *To swear.*
Soltar una carcajada ~ *To give a loud laugh / To burst out laughing.*
Soltarse de ~ *To get free from / To get loose.*
Soltarse el pelo ~ *To let one's hair down / To untie one's hair.*
Solución a un problema ~ *Solution to a problem.*
Someter a prueba ~ *To put to the test.*
Someter algo a votación ~ *To put something to the vote.*
Someterlo a votación ~ *To take a vote on it / To vote on it.*
Somos nosotros ~ *It's us.*
Son las cuatro de la tarde ~ *It's four o'clock in the afternoon.*
Son las siete en punto ~ *It's seven o'clock on the dot / It's seven o'clock sharp.*
Son las tantas ~ *It's late.*
Sonar a falso ~ *To ring false.*

Sonar a hueco ~ *To sound hollow.*
Sonar mal ~ *To sound bad.*
Sonarse la nariz ~ *To blow one's nose.*
Sonreír a alguien ~ *To smile at someone.*
Sonriendo de satisfacción ~ *Smiling with satisfaction.*
Sonrojarse por algo ~ *To blush at something.*
Sonsacar algo a alguien ~ *To get something out of someone /*
    To wheedle something out of someone.
Soñar con algo ~ *To dream of something.*
Soñar con alguien ~ *To dream of someone.*
Soñar con hacer algo ~ *To dream of doing something.*
Sopesar los pros y los contras ~ *To weigh up the pros and*
    cons.
Soportar a alguien ~ *To put up with someone.*
Soportar algo ~ *To put up with something.*
Sordo a peticiones ~ *Deaf to requests.*
Sordo de nacimiento ~ *Born deaf.*
Sorprender a alguien ~ *To surprise someone / To take*
    someone by surprise.
Sorprender a alguien haciendo algo ~ *To catch someone*
    doing something.
Sorprenderse por algo ~ *To be surprised at something.*
Sorprendido al ver algo ~ *Surprised at seeing something.*
Sorprendido de ver a alguien ~ *Surprised to see someone.*
Sorprendido por algo ~ *Surprised at something.*
Sospechar de alguien ~ *To be suspicious of someone.*
Sospechar de que alguien hace algo ~ *To suspect someone of*
    doing something.
Sospechar lo peor ~ *To suspect the worst.*
Sostener algo ~ *To keep hold of something.*
Sostener algo en la mano ~ *To hold something in one's hand.*
Sostener una conversación ~ *To hold a conversation.*
Subir a bordo ~ *To go on board / To go aboard.*
Subir a un avión ~ *To get on a plane.*
Subir a un coche ~ *To get into a car.*
Subir a un tren ~ *To get on a train.*
Subir a una bicicleta ~ *To get on a bicycle.*

Subir a una moto ~ *To get on a motorcycle.*
Subir al autobús ~ *To get on the bus.*
Subir al escenario ~ *To go on stage.*
Subir al piso de arriba ~ *To go upstairs.*
Subir al segundo piso ~ *To go up to the second floor.*
Subir al tejado ~ *To get on to the roof / To go up on the roof.*
Subir al tren ~ *To get on the train.*
Subir al trono ~ *To come to the throne / To ascend the throne.*
Subir andando ~ *To walk up.*
Subir corriendo ~ *To run up.*
Subir de categoría ~ *To better one's position.*
Subir de posición social ~ *To go up in the world.*
Subir el precio ~ *To increase the price / To raise the price / To put the price up.*
Subir el sueldo a alguien ~ *To increase someone's salary / To give someone a raise / To put someone's salary up.*
Subir el volumen de la radio ~ *To turn up the radio.*
Subir la ventanilla del coche ~ *To raise the car window.*
Subir la voz ~ *To raise one's voice.*
Subir las escaleras andando ~ *To walk up the stairs.*
Subir las escaleras corriendo ~ *To run up the stairs.*
Subir las escaleras de dos en dos ~ *To go upstairs two steps at a time / To go up the stairs two at a time.*
Subir por las escaleras (visto desde abajo) ~ *To go upstairs / To go up the stairs.*
Subir por las escaleras (visto desde arriba) ~ *To come upstairs / To come up the stairs.*
Subir por una escalera de mano ~ *To climb up a ladder.*
Subir por una pared ~ *To climb a wall.*
Subir un piano ~ *To get a piano upstairs / To take a piano upstairs.*
Subir una pared ~ *To build a wall.*
Subirse a la cabeza (el vino) ~ *To go to one's head.*
Subirse a lo alto de la casa ~ *To climb up to the top of the house.*
Subirse a un árbol ~ *To go up a tree / To climb up a tree.*

Subirse a un caballo ~ *To get on a horse / To mount a horse.*
Subirse a una bicicleta ~ *To get on a bicycle.*
Subirse a una mesa ~ *-To get on to a table / To get up on a table.*
Subirse a una moto ~ *To get on to a motorcycle.*
Subirse el cuello del abrigo ~ *To turn one's coat collar up.*
Subirse las mangas ~ *To roll up one's sleeves.*
Subirse los calcetines ~ *To pull up one's socks.*
Suceda lo que suceda ~ *Whatever happens.*
Suceder a alguien (ser sucesor) ~ *To succeed to someone.*
Sucederle a alguien (algo) ~ *To happen to someone.*
Sufragar un gasto ~ *To pay an expense.*
Sufrir de dolor de muelas ~ *To suffer from toothache / To have toothache.*
Sufrir de reúma ~ *To suffer from rheumatism.*
Sufrir un accidente ~ *To meet with an accident / To have an accident.*
Sufrir una enfermedad ~ *To suffer from a disease / To have an illness.*
Sufrir una operación ~ *To undergo an operation.*
Sugerir hacer algo ~ *To suggest doing something.*
Sugerir ideas ~ *To put forward ideas.*
Sujetar a alguien por el brazo ~ *To hold someone by the arm.*
Sujetar algo fuerte ~ *To hold something down firmly.*
Sujetar con alfileres ~ *To pin down.*
Sujetar con clavos ~ *To nail down.*
Sujetar con grapas ~ *To staple.*
Sujetar con tornillos ~ *To screw down.*
Sujetar una jarra por el asa ~ *To hold a jug by the handle.*
Sujeto a cambio ~ *Subject to change.*
Suma y sigue ~ *Carried forward.*
Sumar cantidades ~ *To add up figures / To add up numbers.*
Sumar una factura ~ *To add up a bill.*
Sumergido en agua ~ *Immersed in water / Submerged in water.*
Suministrar algo a alguien ~ *To supply something to someone / To supply someone with something.*

Superior a mis fuerzas ~ *Beyond my strength.*
Superioridad sobre alguien ~ *Superiority over someone.*
Suplantado por alguien ~ *Supplanted by someone.*
Suplicar a alguien que haga algo ~ *To beg someone to do
    something.*
Supongamos que ~ *Let's assume that / Let's suppose that.*
Suponiendo que ~ *Supposing that.*
Suprimir gastos ~ *To cut out expenses.*
Surtir efecto ~ *To take effect / To have an effect.*
Suscribirse a una revista ~ *To take out a subscription to a
    magazine / To subscribe to a magazine.*
Suspender a un estudiante ~ *To fail a student.*
Suspender un examen ~ *To fail an examination.*
Suspender una asignatura ~ *To fail in a subject.*
Suspender una reunión ~ *To call off a meeting.*
Suspendido de un árbol ~ *Suspended from a tree / Hanging
    from a tree.*
Suspendido de una cuerda ~ *Suspended by a rope / Hanging
    on a rope.*
Suspirar por alguien ~ *To sigh for someone.*
Suspirar profundamente ~ *To sigh deeply / To give a deep
    sigh / To give a heavy sigh.*
Sustituir a alguien ~ *To substitute someone / To stand in for
    someone.*
Sustituir una cosa por otra ~ *To substitute one thing for
    another.*
Susurrar a alguien ~ *To whisper to someone.*

T

Tachar un nombre de la lista ~ *To cross a name off the list.*
Tachar una palabra ~ *To cross out a word / To cross off a word.*
Tal como están las cosas ~ *As things stand / The way things are at present.*
Tal cual ~ *Just as it is / Just the way it is.*
Tal para cual ~ *Two of a kind.*
Tal vez ~ *Perhaps.*
Tales como ~ *Such as.*
Tambalearse como un borracho ~ *To sway like a drunken man.*
Tan deprisa como ~ *As fast as.*
Tan deprisa como pude ~ *As fast as I could.*
Tan deprisa como sea posible ~ *As fast as possible.*
Tan lejos ~ *So far away.*
Tan pronto como ~ *As soon as.*
Tan pronto como sea posible ~ *As soon as possible.*
Tan pronto como venga ~ *As soon as he comes.*
Tan rápido como sea posible ~ *As quickly as possible.*
Tan simple como esto ~ *This simple / As simple as this.*
Tantas cosas como ~ *As many things as.*
Tantear el camino ~ *To feel one's way.*
Tanto como ~ *As much as.*
Tanto en Madrid como en Londres ~ *Both in Madrid and in London.*
Tanto mejor ~ *So much the better / All the better.*
Tanto monta ~ *It makes no difference / It's all the same.*
Tanto peor ~ *So much the worse / All the worse.*
Tanto si lo crees como si no ~ *Believe it or not.*
Tanto tiempo ~ *Such a long time / So long.*
Tanto tiempo como ~ *As long as.*

Tanto uno como otro ~ *As much one as the other / Both of them.*

Tantos como ~ *As many as.*

Tapado con algo ~ *Covered (up) with something.*

Tapar una botella ~ *To put the top on a bottle.*

Tapar una cazuela ~ *To put the lid on a saucepan.*

Taparse los oídos ~ *To cover one's ears.*

Tardar en volver ~ *To be a long time in returning / To be a long time coming back.*

Tardar mucho en hacer algo ~ *To take a very long time to do something.*

Tarde o temprano ~ *Sooner or later.*

Tarde por la noche ~ *Late at night.*

Te guste o no ~ *Whether you like it or not / Like it or not.*

Te toca a ti ~ *It's your turn.*

Telefonear a alguien ~ *To telephone someone.*

Telefonear a los bomberos ~ *To telephone for the fire brigade / To call the fire brigade.*

Telefonear a Madrid ~ *To telephone Madrid.*

Telefonear al médico ~ *To telephone for the doctor / To call the doctor.*

Telefonear diciendo que ~ *To telephone to say that.*

Temblar ante algo ~ *To tremble at something.*

Temblar de miedo ~ *To tremble with fear / To shake with fear.*

Temer hacer algo ~ *To be afraid to do something / To be afraid of doing something.*

Temer lo peor ~ *To fear the worst.*

Temprano a la mañana siguiente ~ *Early the next morning.*

Temprano por la mañana ~ *Early in the morning / In the early morning.*

Tendencia a hacer algo ~ *Tendency to do something.*

Tendencia hacia ~ *Tendency towards.*

Tender a hacer algo ~ *To tend to do something.*

Tender la mano ~ *To reach out one's hand.*

Tender la ropa ~ *To hang out the washing.*

Tender una emboscada a alguien ~ *To lay an ambush for someone.*

Tener a alguien a merced de uno ~ *To have someone at one's mercy.*

Tener a alguien en gran estima ~ *To hold someone in high esteem.*

Tener a alguien a raya ~ *To keep someone in check.*

Tener a alguien informado de algo ~ *To keep someone informed of something.*

Tener a la vista ~ *To have in view / To have in one's sight.*

Tener afición por ~ *To be fond of.*

Tener al corriente ~ *To keep informed / To keep up to date.*

Tener algo a mano ~ *To keep something handy / To have something at hand.*

Tener algo en común con alguien ~ *To have something in common with someone.*

Tener algo en proyecto ~ *To be planning something.*

Tener algo entre manos ~ *To have something in hand.*

Tener algo preparado ~ *To have something in readiness.*

Tener algo que hacer ~ *To have something to do.*

Tener algo que ver con alguien ~ *To have something to do with someone.*

Tener anginas ~ *To have a sore throat.*

Tener ansia de algo ~ *To be eager for something / To long for something.*

Tener apetito ~ *To have an appetite.*

Tener aplomo ~ *To be self-assured.*

Tener autoridad para hacer algo ~ *To have authority to do something.*

Tener autoridad sobre alguien ~ *To have authority over someone.*

Tener bastante edad para hacer algo ~ *To be old enough to do something.*

Tener bastante para vivir bien ~ *To be comfortably off.*

Tener buen carácter ~ *To have a nice disposition / To be good-natured.*

Tener buen corazón ~ *To have a good heart.*

Tener buen gusto ~ *To have good taste.*

Tener buen oído ~ *To have a good ear.*

Tener buen ojo para algo ~ *To have a good eye for something.*

Tener buen tipo ~ *To have a good figure.*

Tener buena cara ~ *To look well.*

Tener buena letra ~ *To write a good hand / To have good handwriting.*

Tener buena memoria ~ *To have a good memory.*

Tener buena opinión de alguien ~ *To have a high opinion of someone.*

Tener buena puntería ~ *To be a good shot / To have a good aim.*

Tener buena salud ~ *To be in good health / To be healthy.*

Tener buenas intenciones ~ *To mean well / To have good intentions.*

Tener buenas relaciones (estar relacionado) ~ *To be well connected.*

Tener buenas relaciones con alguien ~ *To be on good terms with someone.*

Tener calor ~ *To be hot.*

Tener cariño a alguien ~ *To be fond of someone.*

Tener carta de alguien ~ *To have a letter from someone.*

Tener casi decidido hacer algo ~ *To have a good mind to do something.*

Tener celos de alguien ~ *To be jealous of someone.*

Tener como meta algo ~ *To have something as one's aim.*

Tener compasión de alguien ~ *To take pity on someone.*

Tener condiciones para la música ~ *To have a talent for music.*

Tener confianza en alguien ~ *To trust someone.*

Tener correspondencia con alguien ~ *To correspond with someone.*

Tener cosquillas ~ *To be ticklish.*

Tener cuidado con algo ~ *To be careful with something.*

Tener curiosidad por saber algo ~ *To be curious to know something.*

Tener de sobra ~ *To have more than enough.*
Tener derecho a hacer algo ~ *To have a right to do something.*
Tener deudas ~ *To be in debt.*
Tener diez años ~ *To be ten years old.*
Tener dificultad en hacer algo ~ *To have difficulty in doing something.*
Tener dificultades con algo ~ *To have trouble with something.*
Tener dinero ~ *To be well off.*
Tener dinero de sobra ~ *To have money to spare.*
Tener dolor de cabeza ~ *To have a headache.*
Tener dolor de garganta ~ *To have a sore throat.*
Tener dolores ~ *To be in pain.*
Tener donde escoger ~ *To have a good choice.*
Tener dudas ~ *To be in doubt.*
Tener dudas acerca de algo ~ *To have doubts about something.*
Tener edad para hacer algo ~ *To be old enough to do something.*
Tener el ojo echado a algo ~ *To have one's heart set on something.*
Tener el placer de hacer algo ~ *To have pleasure in doing something / To have the pleasure of doing something.*
Tener el sombrero puesto ~ *To have one's hat on.*
Tener el sueño ligero ~ *To be a light sleeper.*
Tener el valor de hacer algo ~ *To have the courage to do something.*
Tener el vicio de ~ *To have the bad habit of.*
Tener en cuenta ~ *To keep in mind / To bear in mind.*
Tener en menos a alguien ~ *To despise someone.*
Tener en mucho a alguien ~ *To esteem someone highly.*
Tener en observación ~ *To keep under observation.*
Tener en poco a alguien ~ *To have a poor opinion of someone / To think little of someone.*
Tener enchufe ~ *To be well connected.*
Tener envidia de alguien ~ *To be envious of someone.*

Tener éxito con la gente ~ *To be popular with people.*
Tener éxito en hacer algo ~ *To succeed in doing
    something.*
Tener éxito en la vida ~ *To do well in life.*
Tener experiencia en algo ~ *To have experience in something
    / To be experienced in doing something.*
Tener experiencia en hacer algo ~ *To have experience in
    doing something / To have experience of doing
    something.*
Tener fe en algo ~ *To have faith in something.*
Tener fiebre ~ *To have a temperature.*
Tener fiesta ~ *To have a holiday.*
Tener frío ~ *To be cold.*
Tener ganas de dormir ~ *To feel sleepy.*
Tener ganas de hacer algo ~ *To feel like doing something.*
Tener gusto para algo ~ *To have taste for something.*
Tener hambre ~ *To be hungry / To feel hungry.*
Tener hipo ~ *To have hiccups.*
Tener horror a algo ~ *To have a horror of something.*
Tener ideas descabelladas ~ *To have crazy ideas.*
Tener importancia ~ *To be of importance.*
Tener intención de hacer algo ~ *To intend to do something /
    To intend doing something.*
Tener interés en algo ~ *To be interested in doing
    something.*
Tener interés por algo ~ *To have an interest in something /
    To be interested in something.*
Tener la conciencia tranquila ~ *To have a clear
    conscience.*
Tener la costumbre de hacer algo ~ *To be in the habit of
    doing something.*
Tener la esperanza puesta en algo ~ *To have one's hopes set
    on something.*
Tener la impresión de que ~ *To be under the impression that
    / To have the impression that.*
Tener la oportunidad de hacer algo ~ *To have an opportunity
    to do something.*

Tener la paciencia de hacer algo ~ *To have the patience to do something.*
Tener la palabra ~ *To have the floor / To speak.*
Tener la radio puesta ~ *To have the radio on.*
Tener la seguridad de que ~ *To feel sure that / To be certain that.*
Tener la suerte de ~ *To be lucky enough to / To have the good fortune to.*
Tener la tarde libre ~ *To have the afternoon off.*
Tener la ventaja de ~ *To have the advantage of.*
Tener las esperanzas puestas en algo ~ *To have one's hopes set on something.*
Tener los papeles en regla ~ *To have one's papers in order.*
Tener mal aspecto ~ *To look ill / To have an unpleasant appearance.*
Tener mal carácter ~ *To be bad-tempered.*
Tener mal genio ~ *To have a bad temper / To be bad-tempered.*
Tener mala fama ~ *To have a bad reputation.*
Tener mala memoria ~ *To have a bad memory.*
Tener mala salud ~ *To be in bad health.*
Tener mala suerte ~ *To be unlucky / To have bad luck.*
Tener más de diez años ~ *To be over ten years old.*
Tener menos de diez años ~ *To be under ten years old.*
Tener miedo ~ *To be afraid / To feel frightened.*
Tener miedo a la oscuridad ~ *To be afraid of the dark.*
Tener miedo de algo ~ *To be afraid of something.*
Tener miedo de alguien ~ *To be afraid of someone.*
Tener miedo de caerse ~ *To be afraid of falling down / To be frightened of falling (over).*
Tener miedo de hacer algo ~ *To be afraid to do something / To be afraid of doing something.*
Tener miedo de que algo ocurra ~ *To be afraid that something might happen.*
Tener motivo para hacer algo ~ *To have a reason for doing something / To have a reason to do something.*
Tener mucha hambre ~ *To be very hungry.*

Tener mucha necesidad de dinero ~ *To need money badly.*
Tener mucha prisa ~ *To be in a great hurry / To be in a rush.*
Tener muchas ganas de hacer algo ~ *To be anxious to do something / To long to do something.*
Tener mucho cuidado con algo ~ *To be very careful with something.*
Tener mucho frío ~ *To be very cold.*
Tener mucho gusto en hacer algo ~ *To have much pleasure in doing something.*
Tener mucho que hacer ~ *To have a great deal to do.*
Tener mucho trabajo ~ *To have a lot of work to do.*
Tener muy buena opinión de alguien ~ *To have a high opinion of someone.*
Tener necesidad ~ *To be in need.*
Tener necesidad de algo ~ *To be in need of something.*
Tener noticia de algo ~ *To know about something / To hear of something.*
Tener noticias de alguien (directamente) ~ *To hear from someone.*
Tener noticias de alguien (indirectamente) ~ *To hear of someone / To hear about someone.*
Tener ojeras ~ *To have dark rings round the eyes / To have bags under the eyes.*
Tener oportunidad de hacer algo ~ *To have an opportunity to do something.*
Tener paciencia con alguien ~ *To be patient with someone.*
Tener padre ~ *To have a father.*
Tener para largo (esperar mucho) ~ *To expect a long wait.*
Tener para vivir ~ *To have enough to live on.*
Tener pena de alguien ~ *To pity someone.*
Tener piedad de alguien ~ *To have pity on someone.*
Tener poca salud ~ *To be in poor health / Not to be very healthy.*
Tener poca suerte ~ *To be unlucky / Not to have much luck.*
Tener poco dinero ~ *To be short of money / To have little money / Not to have much money.*

Tener por costumbre hacer algo ~ *To be in the habit of doing something.*

Tener precaución con algo ~ *To be careful with something.*

Tener preferencia por algo ~ *To have a preference for something.*

Tener presente ~ *To bear in mind / To keep in mind.*

Tener prisa ~ *To be in a hurry.*

Tener prisa por hacer algo ~ *To be in a hurry to do something.*

Tener problemas con algo ~ *To have trouble with something.*

Tener que hacer algo ~ *To have to do something.*

Tener que ver con algo ~ *To have to do with something.*

Tener que ver con alguien ~ *To have to do with someone.*

Tener razón ~ *To be right.*

Tener respeto a alguien ~ *To have respect for someone.*

Tener salida (un producto) ~ *To sell well.*

Tener salida para todo ~ *To have an answer to everything.*

Tener sed ~ *To be thirsty.*

Tener sueño ~ *To be sleepy.*

Tener suerte ~ *To be lucky.*

Tener talento para algo ~ *To be good at something / To have a talent for something.*

Tener tendencia a algo ~ *To have a leaning towards something / To have a tendency to something.*

Tener tiempo de sobra ~ *To have time to spare / To have plenty of time.*

Tener tiempo para hacer algo ~ *To have time to do something.*

Tener tos ~ *To have a cough.*

Tener un accidente ~ *To meet with an accident / To have an accident.*

Tener un ataque de nervios ~ *To get into a state / To go into hysterics.*

Tener un brazo vendado ~ *To have a bandage on one's arm / To have a bandaged arm.*

Tener un compromiso ~ *To have an engagement / To have a commitment.*

Tener un dolor en ~ *To have a pain in.*
Tener un fuerte resfriado ~ *To have a bad cold.*
Tener un negocio ~ *To keep a business / To have a business.*
Tener un niño ~ *To have a baby.*
Tener un par de cosas que hacer ~ *To have one or two things to get done / To have a couple of things to do.*
Tener un resfriado ~ *To have a cold.*
Tener un sueño ~ *To have a dream.*
Tener una cita con alguien ~ *To have a date with someone / To have an appointment with someone.*
Tener una conversación con alguien ~ *To have a talk with someone.*
Tener una discusión con alguien ~ *To have an argument with someone.*
Tener una esposa a quien mantener ~ *To have a wife to support.*
Tener una mala racha ~ *To have a run of bad luck.*
Tener una mañana libre ~ *To have a morning off.*
Tener una pierna escayolada ~ *To have one's leg in plaster.*
Tener unas palabras con alguien (reñir) ~ *To have words with someone / To have a few words with someone.*
Tener veinte años ~ *To be twenty years old.*
Tener ventaja sobre alguien ~ *To have an advantage over someone.*
Tener vergüenza ~ *To be shy / To be ashamed.*
Tener vergüenza de hacer algo ~ *To be shy about doing something / To be ashamed to do something.*
Tener vocación para algo ~ *To have a vocation for something.*
Tenerla tomada con alguien ~ *To have it in for someone.*
Tenerle afecto a alguien ~ *To be fond of someone.*
Tenerse en pie ~ *To keep on one's feet / To stay on one's feet.*
Teniendo todo en cuenta ~ *All things considered / Taking everything into account.*
Tensar una cuerda ~ *To pull a rope tight / To tauten a rope.*
Tentar a alguien a hacer algo ~ *To tempt someone to do something / To tempt someone into doing something.*

Tentar la suerte ~ *To push one's luck / To tempt fortune.*

Terminar algo ~ *To bring something to an end / To finish something.*

Terminar con algo ~ *To put an end to something / To finish with something.*

Terminar con alguien (romper relaciones) ~ *To be through with someone / To finish with someone / To break up with someone.*

Terminar de hacer algo ~ *To finish doing something.*

Terminar el trabajo ~ *To get through one's work / To finish (off) one's work.*

Terminar en pelea ~ *To end in a fight.*

Terminar en vocal (una palabra) ~ *To end in a vowel.*

Terminar las clases ~ *To break up.*

Terminar mal (una historia) ~ *To have an unhappy ending.*

Terminar mal (unos amigos) ~ *To end up on bad terms.*

Terminar por decir ~ *To end up by saying.*

Tiempo de sobra ~ *Plenty of time / More than enough time.*

Tierra de nadie ~ *No man's land.*

Tirado por caballos ~ *Drawn by horses / Horse-drawn.*

Tirar a alguien al suelo ~ *To knock someone down / To knock someone to the ground.*

Tirar a alguien de las orejas ~ *To pull someone's ears.*

Tirar a alguien del pelo ~ *To give someone's hair a tug / To pull someone's hair / To tug on someone's hair.*

Tirar a matar ~ *To shoot to kill.*

Tirar al blanco ~ *To shoot at the target.*

Tirar algo (derribarlo) ~ *To knock something down.*

Tirar algo (inservible) ~ *To throw something away.*

Tirar algo a alguien (para herir) ~ *To throw something at someone.*

Tirar algo a alguien (para que lo coja) ~ *To throw something to someone.*

Tirar algo al mar ~ *To throw something into the sea.*

Tirar algo al suelo ~ *To throw something on the floor / To throw something down on the ground.*

Tirar algo por la borda ~ *To throw something overboard.*

Tirar algo por la ventana ~ *To throw something out of the window.*

Tirar de la cuerda ~ *To pull at the rope / To pull on the rope.*

Tirar del gatillo ~ *To pull the trigger.*

Tirar el dinero ~ *To spend money like water / To throw money away.*

Tirar fuerte ~ *To pull hard.*

Tirar la pelota a alguien ~ *To throw the ball to someone / To toss someone a ball.*

Tirar piedras a algo ~ *To throw stones at something.*

Tirar un beso ~ *To blow a kiss.*

Tirar un beso a alguien ~ *To blow someone a kiss.*

Tirar un vaso de vino ~ *To knock over a glass of wine.*

Tirar una indirecta a alguien ~ *To give someone a broad hint.*

Tirarse al agua ~ *To jump into the water.*

Tirarse al agua vestido ~ *To jump into the water clothes and all / To jump fully-clothed into the water.*

Tirarse de cabeza por la ventana ~ *To jump head first out of the window.*

Tirarse del pelo (uno a otro) ~ *To pull each other's hair.*

Tirarse desde lo alto de una pared ~ *To jump off a wall.*

Tirarse por la ventana ~ *To jump out through the window / To jump out of the window.*

Tiritar de frío ~ *To shiver with cold.*

Tocar a su fin ~ *To come to a close / To draw to a close.*

Tocar algo al piano ~ *To play something on the piano.*

Tocar el claxon ~ *To sound the horn / To blow the horn.*

Tocar el piano ~ *To play the piano.*

Tocar el piano para alguien ~ *To play the piano for someone.*

Tocar el pito ~ *To blow the whistle.*

Tocar el tambor ~ *To beat the drum.*

Tocar el timbre ~ *To ring the bell.*

Tocar la campana ~ *To ring the bell.*

Tocar música ~ *To play music.*

Tocar para alguien (un instrumento) ~ *To play to someone.*

Tocar un tema ~ *To touch on a subject.*

Tocar una canción a alguien al piano ~ *To play someone a song on the piano.*

Tocarle a uno (el turno) ~ *To be one's turn.*

Tocarle en suerte (a uno) ~ *To fall to one's lot.*

Toda clase de libros ~ *All kinds of books.*

Toda la mañana ~ *All morning.*

Toda la noche ~ *All night.*

Toda la tarde ~ *All afternoon / All evening.*

Todas las tardes ~ *Every afternoon / Every evening.*

Todas las veces que él viene ~ *Whenever he comes / Every time he comes.*

Todo a su tiempo ~ *All in good time.*

Todo aquél que ~ *Anyone who / Everyone who / All who.*

Todo el año ~ *All (the) year / All the year round / All through the year / Throughout the year.*

Todo el día ~ *All day.*

Todo el mundo ~ *Everybody / Everyone.*

Todo el tiempo ~ *All the time.*

Todo el verano ~ *All the summer / All summer long / The whole summer.*

Todo ha terminado ~ *It's all over.*

Todo incluido ~ *Everything included / All in.*

Todo junto ~ *All together.*

Todo lo contrario ~ *Quite the opposite.*

Todo lo demás ~ *Everything else .*

Todo lo que haces ~ *All you do / Everything you do.*

Todo lo que ~ *All that.*

Todo mezclado ~ *All mixed up / All mixed together.*

Todo recto (dirección) ~ *Straight ahead.*

Todo sale mal ~ *Everything is going wrong / Everything is turning out badly.*

Todo se acabó ~ *It's all over.*

Todo se arreglará ~ *Things will be all right.*

Todo seguido (dirección) ~ *Straight ahead.*

Todos a la vez ~ *All at once / Everyone at the same time.*

Todos ellos ~ *All of them.*

Todos juntos ~ *All together.*

Todos los años ~ *Every year.*
Todos los días ~ *Every day.*
Todos menos cuatro ~ *All except four / All but four.*
Todos menos tú ~ *Everybody but you / Everyone except (for) you / Everyone apart from you.*
Todos menos uno ~ *All but one / All except one.*
Todos nosotros ~ *All of us.*
Todos sin excepción ~ *Every one of them.*
Todos y cada uno ~ *Each and every one.*
Tolerar algo ~ *To put up with something.*
Toma y daca ~ *Give-and-take.*
Tomar a alguien en serio ~ *To take someone seriously.*
Tomar a alguien la temperatura ~ *To take someone's temperature.*
Tomar a alguien por tonto ~ *To take someone for a fool.*
Tomar a broma ~ *To take as a joke.*
Tomar a mal ~ *To take badly.*
Tomar a una persona por otra ~ *To take one person for another / To mistake one person for another / To mistake someone for someone else.*
Tomar aire fresco ~ *To get some fresh air / To have a breath of fresh air.*
Tomar algo a pecho ~ *To take something to heart.*
Tomar algo al pie de la letra ~ *To take something literally.*
Tomar algo de beber ~ *To have a drink / To have something to drink.*
Tomar aliento ~ *To get one's breath back.*
Tomar apuntes ~ *To take notes.*
Tomar asiento ~ *To take a seat.*
Tomar baños de sol ~ *To sunbathe.*
Tomar cariño a alguien ~ *To take a liking to someone.*
Tomar carrerilla (para saltar) ~ *To take a run up to.*
Tomar como pretexto ~ *To take as an excuse.*
Tomar cuerpo (una cosa) ~ *To take shape.*
Tomar de ejemplo ~ *To take as an example.*
Tomar el ascensor ~ *To take the lift / To use the lift.*
Tomar el autobús ~ *To catch the bus.*

Tomar el autobús nº 5 ~ *To get a number 5 bus.*
Tomar el desayuno ~ *To have breakfast.*
Tomar el fresco ~ *To get some fresh air.*
Tomar el metro ~ *To take the underground / To go by underground.*
Tomar el pelo a alguien ~ *To pull someone's leg.*
Tomar el pulso a alguien ~ *To take someone's pulse.*
Tomar el relevo de alguien ~ *To take over from someone.*
Tomar el sol (paseando) ~ *To catch the sun.*
Tomar el sol (tumbado) ~ *To sunbathe.*
Tomar el té ~ *To have tea.*
Tomar el tren ~ *To catch the train.*
Tomar en consideración ~ *To take into consideration.*
Tomar en cuenta ~ *To take into account.*
Tomar en serio ~ *To take seriously.*
Tomar fuerzas ~ *To gather strength.*
Tomar helado de postre ~ *To have ice cream for dessert.*
Tomar la delantera ~ *To take the lead.*
Tomar la palabra ~ *To take the floor.*
Tomar las cosas con calma ~ *To take things easy.*
Tomar lecciones de alguien ~ *To take lessons from someone.*
Tomar medidas sobre algo ~ *To take action on something / To take measures to deal with something.*
Tomar notas ~ *To take notes.*
Tomar parte en algo ~ *To take part in something.*
Tomar partido ~ *To take sides.*
Tomar partido por ~ *To side with.*
Tomar por asalto ~ *To take by assault.*
Tomar precauciones ~ *To take precautions.*
Tomar tostadas con mantequilla ~ *To have some buttered toast.*
Tomar un atajo ~ *To take a short cut.*
Tomar un autobús ~ *To catch a bus.*
Tomar un avión ~ *To catch a plane.*
Tomar un baño ~ *To have a bath.*
Tomar un baño de sol ~ *To sunbathe.*
Tomar un billete ~ *To buy a ticket.*

Tomar un bocado ~ *To have a bite to eat.*
Tomar un curso de fonética inglesa ~ *To take a course in English phonetics.*
Tomar un descanso ~ *To have a rest / To have a break.*
Tomar un respiro ~ *To take a break.*
Tomar un tren ~ *To get a train / To take a train / To catch a train.*
Tomar una copa ~ *To have a drink.*
Tomar una copa de más ~ *To have a drop too much.*
Tomar una cosa a risa ~ *To take something as a joke.*
Tomar una decisión ~ *To take a decision / To make a decision.*
Tomar una foto ~ *To take a picture / To take a photo.*
Tomar unas vacaciones ~ *To take a holiday.*
Tomar vino en la comida ~ *To drink wine at lunch / To drink wine at mealtimes.*
Tomarle el pelo a alguien ~ *To pull someone's leg.*
Tomarle las medidas a alguien ~ *To take someone's measurements.*
Tomarle manía a alguien ~ *To take a dislike to someone.*
Tomarlo a pecho ~ *To take it to heart.*
Tomarlo con calma ~ *To take it easy.*
Tomarlo en serio ~ *To take it seriously.*
Tomarse algo a la ligera ~ *To take something lightly.*
Tomarse interés por algo ~ *To take an interest in something.*
Tomarse interés por alguien ~ *To take an interest in someone.*
Tomarse la libertad de hacer algo ~ *To take the liberty of doing something.*
Tomarse la molestia de hacer algo ~ *To take the trouble to do something.*
Tomarse la tarde libre ~ *To take the afternoon off.*
Tomarse mucho interés por algo ~ *To take a great interest in something.*
Tomarse mucho interés por alguien ~ *To take a great interest in someone.*
Tomarse un día libre ~ *To take a day off.*

Tomarse un mes de vacaciones ~ *To take a month off / To have a month's holiday.*

Tomarse una taza de té ~ *To have a cup of tea.*

Tomarse unas vacaciones ~ *To take a holiday / To have a holiday / To take one's holidays.*

Tomarse uno el tiempo necesario ~ *To take one's time / To take as long as necessary.*

Tomarse uno la justicia por su mano ~ *To take the law into one's own hands.*

Tomárselo a broma ~ *To take it as a joke.*

Torcerse el tobillo ~ *To sprain one's ankle / To twist one's ankle.*

Torcerse una muñeca ~ *To strain one's wrist.*

Toser mucho ~ *To cough badly.*

Toser un poco ~ *To have a bit of a cough / To have a slight cough.*

Tostarse al sol ~ *To get sun-tanned / To get brown.*

Totalmente despierto ~ *Wide awake.*

Totalmente en privado ~ *In complete privacy.*

Totalmente lleno ~ *Full right up / Full to brimming.*

Totalmente prohibido ~ *Strictly forbidden.*

Trabajar a pleno rendimiento ~ *To work at full capacity.*

Trabajar con ahínco ~ *To work hard.*

Trabajar contrarreloj ~ *To work against time / To work against the clock.*

Trabajar de balde ~ *To work without getting paid / To work for nothing.*

Trabajar de camarero ~ *To work as a waiter.*

Trabajar de firme ~ *To work hard.*

Trabajar en un libro ~ *To work on a book.*

Trabajar en una obra (como actor) ~ *To act in a play.*

Trabajar en una oficina ~ *To work in an office.*

Trabajar horas extras ~ *To work overtime.*

Trabajar jornada completa ~ *To work full time.*

Trabajar mucho ~ *To work hard.*

Trabajar para alguien ~ *To work for someone / To work under someone.*

Trabajar para ganarse la vida ~ *To work for one's living.*
Trabajar por dinero ~ *To work for money.*
Trabar amistad ~ *To strike up a friendship.*
Trabar conversación ~ *To enter into conversation / To start up a conversation.*
Trabársele la lengua a uno ~ *To become tongue-tied.*
Traducir al español ~ *To translate into Spanish.*
Traducir del español al inglés ~ *To translate from Spanish into English.*
Traducir del inglés ~ *To translate from English.*
Traducir palabra por palabra ~ *To translate word for word.*
Traer a la memoria ~ *To bring (back) to mind / To call something to mind / To recall something.*
Traer algo a alguien ~ *To bring something to someone / To bring someone something.*
Traer algo a casa ~ *To bring something home.*
Traer algo consigo ~ *To bring something with one.*
Traer buena suerte ~ *To bring good luck.*
Traer loco a alguien ~ *To drive someone crazy.*
Traer mala suerte ~ *To bring bad luck.*
Traerse algo entre manos ~ *To be up to something.*
Tragarse algo entero ~ *To swallow something whole.*
Tragarse el orgullo ~ *To pocket one's pride / To swallow one's pride.*
Tragarse las palabras ~ *To eat one's words.*
Traicionar a alguien por dinero ~ *To betray someone for money.*
Tranquilizar a alguien ~ *To calm someone down.*
Transformar una cosa en otra ~ *To change one thing into another.*
Transformarse una cosa en otra ~ *To change into something else.*
Traspasar el negocio ~ *To transfer one's business.*
Trata de (un libro) ~ *It is about.*
Tratar a alguien como a un niño ~ *To treat someone as a child / To treat someone like a child.*
Tratar a alguien con amabilidad ~ *To treat someone kindly.*

Tratar a alguien con crueldad ~ *To treat someone with cruelty / To treat someone cruelly.*

Tratar a alguien con desprecio ~ *To treat someone with contempt.*

Tratar a alguien con dureza ~ *To be hard on someone / To treat someone harshly.*

Tratar a alguien con poco respeto ~ *To treat someone with little respect.*

Tratar con alguien ~ *To deal with someone.*

Tratar de hacer algo ~ *To try to do something.*

Tratar de hacer algo con ahínco ~ *To try hard to do something.*

Tratar de tú a alguien ~ *To be informal with someone.*

Tratar de un asunto ~ *To deal with a subject.*

Trato hecho ~ *It's a deal.*

Treinta y pico ~ *Thirty-odd.*

Treinta y tantos ~ *Thirty-something.*

Trepar a un árbol ~ *To climb (up) a tree.*

Trepar hasta la cima de una montaña ~ *To climb to the top of a mountain.*

Trepar por las rocas ~ *To climb over the rocks.*

Tres días seguidos ~ *Three days in a row / Three days running.*

Tres horas y media ~ *Three and a half hours.*

Tres veces consecutivas ~ *Three times running / Three times in succession.*

Tres veces de cada diez ~ *Three times out of ten.*

Triste por algo ~ *Sad about something.*

Triunfar sobre el enemigo ~ *To triumph over the enemy.*

Triunfo sobre el enemigo ~ *Triumph over the enemy.*

Tropezar con un obstáculo ~ *To trip over an obstacle.*

Tropezar con una silla ~ *To bump into a chair / To fall over a chair.*

Tropezarse con algo ~ *To bump into something.*

Tropezarse con alguien ~ *To bump into someone.*

Tumbarse al sol ~ *To lie in the sun.*

Tumbarse en la arena ~ *To lie on the sand.*

U

Un año después ~ *One year later / A year after / A year afterwards.*
Un año y medio ~ *A year and a half / One and a half years.*
Un asunto de vida o muerte ~ *A matter of life or death / A life and death matter.*
Un buen rato (mucho tiempo) ~ *Quite a while / A good while.*
Un buen rato (periodo agradable) ~ *A good time.*
Un buen trecho ~ *A good way / A long way.*
Un día ~ *One day / A day.*
Un día de estos ~ *One of these days.*
Un largo rato ~ *A long while.*
Un mes de vacaciones ~ *A month's holiday.*
Un momento! ~ *Just a moment!*
Un momento antes ~ *A moment before.*
Un momento después ~ *A moment later.*
Un no sé qué ~ *A certain something.*
Un par de años atrás ~ *A couple of years back.*
Un poco ~ *A little.*
Un poco a la derecha ~ *A little to the right.*
Un poco a la izquierda ~ *A little to the left.*
Un poco antes ~ *A bit earlier / A bit before.*
Un poco de agua ~ *A little water.*
Un poco después ~ *A bit later / A little later / A little afterwards.*
Un poco más a la derecha ~ *A bit more to the right / A bit further to the right.*
Un poco más a la izquierda ~ *A bit more to the left / A bit further to the left.*
Un poco más adelante ~ *A little further forward / Forward a bit more.*
Un poco más allá ~ *A little further on.*

Un poco más allá de la iglesia ~ *Just beyond the church / A bit further on past the church.*

Un poco más atrás ~ *A little further back.*

Un poco más tarde ~ *A little later / A little bit later (on).*

Un poco mejor ~ *A little better / A bit better.*

Un poquito ~ *A little bit.*

Un remedio para algo ~ *A remedy for something.*

Una buena cantidad ~ *A considerable amount / A good amount.*

Una cosa condiciona a la otra ~ *One thing depends on the other.*

Una cosa más ~ *One more thing / Another thing.*

Una forma de hacer algo ~ *A way of doing something.*

Una hora aproximadamente ~ *About an hour.*

Una pérdida de tiempo ~ *A waste of time.*

Una que otra vez ~ *Once in a while / From time to time.*

Una semana de descanso ~ *A week's rest.*

Una semana más tarde ~ *A week later.*

Una semana sí y otra no ~ *Every other week / Every second week.*

Una vez ~ *Once.*

Una vez a la semana ~ *Once a week.*

Una vez al año ~ *Once a year.*

Una vez al día ~ *Once a day.*

Una vez al mes ~ *Once a month.*

Una vez en la vida ~ *Once in a lifetime.*

Una vez hecho esto ~ *Having done this / This done / Once this is done / Once this has been done.*

Una vez más ~ *Once again / One more time / Once more.*

Una vez nada más ~ *Just once / Only once.*

Una vez por semana ~ *Once a week.*

Una vez por todas ~ *Once and for all.*

Una y otra vez ~ *Over and over again / Again and again / Time and time again.*

Unas cuantas sillas ~ *A few chairs.*

Unas pocas monedas ~ *A few coins.*

Unas vacaciones al lado del mar ~ *A seaside holiday /*

Holidays by the sea.
Unas vacaciones de una semana ~ *A week's holiday.*
Unas vacaciones de tres semanas ~ *A three-week holiday.*
Unas vacaciones de una semana ~ *A week's holiday.*
Unidos por algo ~ *Joined by something / United by something.*
Unir dos cosas ~ *To join two things together.*
Unir una cosa con otra ~ *To join one thing to another.*
Uno a uno ~ *One by one.*
Uno al lado del otro ~ *Side by side.*
Uno de cada diez ~ *One out of ten.*
Uno de estos días ~ *One of these days.*
Uno de más ~ *One too many / One over.*
Uno de menos ~ *One too few.*
Uno de tantos ~ *One of many.*
Uno después de otro ~ *One after another / One after the other.*
Uno por uno ~ *One by one.*
Uno sobre otro ~ *One above the other.*
Uno tras otro ~ *One after another / One after the other.*
Unos cuantos libros ~ *A few books.*
Unos diez euros a la semana ~ *About ten euros a week.*
Unos minutos ~ *A few minutes.*
Unos minutos antes de las ocho ~ *A few minutes before eight.*
Unos minutos después ~ *A few minutes later.*
Unos pocos ~ *A few.*
Unos pocos lápices ~ *A few pencils.*
Unos treinta ~ *About thirty.*
Urdir un plan ~ *To cook up a plan.*
Usted dirá (al echar vino) ~ *Say when.*
Usted primero ~ *After you.*
Utilizar algo ~ *To make use of something / To use something.*

V

Vaciar una botella ~ *To empty a bottle.*
Vaciarse los bolsillos ~ *To empty one's pockets.*
Vacilar un momento ~ *To hesitate for a moment.*
Vagar de un lado para otro ~ *To wander from one place to another / To wander around.*
Valer la pena ~ *To be worth the trouble / To be worthwhile.*
Valer la pena hacer algo ~ *To be worth doing something.*
Valer para algo ~ *To be useful for something.*
Valer su peso en oro ~ *To be worth one's weight in gold.*
Valer una fortuna ~ *To be worth a fortune.*
Valerse de algo ~ *To make use of something.*
Valerse de su ingenio ~ *To use one's wits.*
Valorado en 500 euros ~ *Valued at 500 euros.*
Vamos al caso ~ *Let's come to the point / Let's get to the point.*
Varias veces ~ *Several times.*
Véase la página 3 ~ *See page 3.*
Véase más arriba ~ *See above.*
Veinte por ciento ~ *Twenty per cent.*
Velar por los intereses de alguien ~ *To look after someone's interests.*
Velar toda la noche ~ *To stay up all night.*
Vencer por puntos ~ *To win on points.*
Vencer una dificultad ~ *To overcome a difficulty.*
Vender a granel ~ *To sell in bulk / To sell loose.*
Vender a plazos ~ *To sell on credit / To sell in instalments.*
Vender al contado ~ *To sell for cash.*
Vender al peso ~ *To sell by weight.*
Vender al por mayor ~ *To sell wholesale.*
Vender al por menor ~ *To sell retail.*

Vender algo a alguien ~ *To sell something to someone / To
    sell someone something.*
Vender algo a precio de coste ~ *To sell something at cost
    price.*
Vender algo a precio de saldo ~ *To sell something at a
    bargain price / To sell something at a knock-down price.*
Vender algo con descuento ~ *To sell something at a discount.*
Vender algo con un beneficio ~ *To sell something at a profit.*
Vender algo gananado el diez por ciento ~ *To sell something
    at ten per cent profit.*
Vender algo perdiendo dinero ~ *To sell something at a loss.*
Vender algo por 50 euros ~ *To sell something for 50 euros.*
Vender barato ~ *To sell cheaply.*
Vender por las casas ~ *To sell from door to door.*
Vender regalado ~ *To sell at a give-away price.*
Vendido al precio de 100 euros ~ *Sold for the price of
    100 euros.*
Vendido en subasta ~ *Sold by auction.*
Venga lo que venga ~ *Come what may.*
Vengarse de alguien ~ *To take revenge on someone.*
Venir a casa ~ *To come home.*
Venir a dar un paseo ~ *To come for a walk.*
Venir a las manos ~ *To come to blows.*
Venir a menos ~ *To come down in the world.*
Venir a ser lo mismo ~ *To come to the same thing.*
Venir a tomar el té ~ *To come to tea.*
Venir abajo ~ *To collapse / To fall down.*
Venir al caso ~ *To be just the thing.*
Venir al mundo ~ *To come into the world.*
Venir de familia pobre ~ *To come from a poor family.*
Venir del extranjero ~ *To come from abroad / To come from
    overseas.*
Venir en avión ~ *To come by plane.*
Venir en ayuda de alguien ~ *To come to someone's aid / To
    come to someone's assistance.*
Venir en esta dirección ~ *To come in this direction.*
Venir en tren ~ *To come by train.*

Venir rodado ~ *To just happen.*
Venirse al suelo ~ *To fall to the ground.*
Ventaja sobre algo ~ *Advantage over something.*
Ventilar una habitación ~ *To air a room.*
Ver a alguien en persona ~ *To see someone in the flesh.*
Ver a alguien hacer algo ~ *To see someone doing something.*
Ver a un médico ~ *To see a doctor.*
Ver algo por la televisión ~ *To see something on television.*
Ver algo por uno mismo ~ *To see something for oneself.*
Ver la televisión ~ *To watch television.*
Ver las cosas por el lado pesimista ~ *To look on the dark side
    of things / To take a pessimistic view.*
Ver pasar a la gente ~ *To watch people go by.*
Veranear en la playa ~ *To spend the summer at the seaside.*
Verlo todo negro ~ *To be very pessimistic.*
Versar sobre algo ~ *To deal with something.*
Verse en el espejo ~ *To see oneself in the mirror.*
Verse forzado a hacer algo ~ *To be forced to do something /
    To be forced into doing something.*
Verse mezclado en algo ~ *To be mixed up in something.*
Verse obligado a hacer algo ~ *To be forced to do something.*
Verter agua sobre algo ~ *To pour water on (to) something.*
Vestido de luto ~ *Dressed in mourning.*
Vestido de negro ~ *Dressed in black / Wearing black.*
Vestido de punta en blanco ~ *All dressed up / Dressed up the
    nines.*
Vestido de uniforme ~ *Dressed in uniform / Wearing uniform
    / In uniform.*
Vestir de blanco ~ *To wear white.*
Vestir muy bien ~ *To dress very well.*
Vete tú a saber ~ *Goodness knows / Who knows?*
Viajar a pie ~ *To travel on foot.*
Viajar alrededor del mundo ~ *To travel round the world.*
Viajar de acá para allá ~ *To travel around.*
Viajar de noche ~ *To travel by night / To travel overnight.*
Viajar de un lugar a otro ~ *To travel from one place to
    another.*

Viajar en autobús ~ *To travel by bus.*
Viajar en avión ~ *To travel by plane.*
Viajar en barco ~ *To travel by ship.*
Viajar en coche ~ *To travel by car.*
Viajar en coche cama ~ *To travel in a sleeper / To travel in a sleeping-car.*
Viajar en primera clase ~ *To travel first-class.*
Viajar en tren ~ *To travel by train.*
Viajar por el extranjero ~ *To travel abroad.*
Viajar por el mundo ~ *To travel about the world.*
Viajar por mar ~ *To travel by sea.*
Viajar por negocios ~ *To travel on business.*
Viajar por tierra ~ *To travel overland.*
Viajar por toda España ~ *To travel all over Spain.*
Viajar por todo el mundo ~ *To travel all over the world.*
Viajar solo ~ *To travel by oneself / To travel alone / To travel on one's own.*
Vigilar a alguien ~ *To keep an eye on someone.*
Violar la ley ~ *To break the law.*
Visitar a alguien ~ *To call on someone / To visit someone.*
Visitar a alguien en el hospital ~ *To visit someone in hospital.*
Visto que ~ *Seeing that.*
Vivir a costa de alguien ~ *To live off someone.*
Vivir a lo grande ~ *To live on a grand scale.*
Vivir al día ~ *To live from day to day.*
Vivir al lado ~ *To live next door.*
Vivir bajo el mismo techo ~ *To live under the same roof.*
Vivir cómodamente ~ *To live in great comfort.*
Vivir con gran lujo ~ *To live in style.*
Vivir con 1.000 euros al mes ~ *To live on 1,000 € a month.*
Vivir con lo que uno gana ~ *To live on one's earnings / To live on one's income.*
Vivir con un presupuesto limitado ~ *To live on a limited budget.*
Vivir de la caridad ~ *To live on charity.*
Vivir de los ingresos de uno ~ *To live on one's income.*
Vivir del cuento ~ *To live by one's wits.*

Vivir del trabajo ~ *To live on what one earns.*
Vivir en el 25 de la calle del Sol ~ *To live at 25 Sun Street /*
To live at number 25 Sun Street.
Vivir en el n° 25 ~ *To live at No. 25.*
Vivir en el tercer piso ~ *To live on the third floor.*
Vivir en la calle del Sol ~ *To live in Sun Street.*
Vivir en la miseria ~ *To live in misery.*
Vivir en la pobreza ~ *To live in poverty.*
Vivir en las nubes ~ *To have one's head in the clouds.*
Vivir en paz ~ *To live in peace.*
Vivir en una pensión ~ *To live in lodgings.*
Vivir pobremente ~ *To live in want / To live in a poor way.*
Vivir solo ~ *To live by oneself / To live alone.*
Vivir uno de sus rentas ~ *To live on one's private income.*
Volar a gran altura ~ *To fly very high.*
Volar alto ~ *To fly high.*
Volar bajo ~ *To fly low.*
Volar en un avión ~ *To fly in a plane.*
Volar por el aire ~ *To fly through the air.*
Volar sobre el mar ~ *To fly above the sea / To fly over the*
sea.
Volar sobre las casas ~ *To fly above the houses / To fly over*
the houses.
Volar un puente ~ *To blow up a bridge.*
Volcar la tinta ~ *To knock the ink over.*
Volcar un vaso ~ *To knock a glass over.*
Volcar una silla ~ *To knock a chair over.*
Volvamos a los hechos ~ *Let's get back to the facts.*
Volver a casa ~ *To go back home / To come back home / To*
return home.
Volver a casa de la oficina ~ *To come home from the office.*
Volver a casa del trabajo ~ *To return home from work.*
Volver a casa para comer ~ *To return home for lunch / To go*
home for lunch.
Volver a decir ~ *To say over again.*
Volver a hacer algo ~ *To do something again.*
Volver a la carga (insistir) ~ *To keep at it.*

Volver a la escuela ~ *To return to school.*
Volver a la normalidad ~ *To return to normal.*
Volver al cabo de un año ~ *To return in a year's time.*
Volver al trabajo ~ *To return to work.*
Volver algo boca abajo ~ *To turn something upside down.*
Volver algo del revés ~ *To turn something inside out.*
Volver andando a casa ~ *To walk back home.*
Volver apresuradamente ~ *To hurry back.*
Volver de la guerra ~ *To come home from the war.*
Volver dentro de un momento ~ *To return in a moment / To be back in a moment.*
Volver después de un año ~ *To return in a year's time / To come back after a year.*
Volver en sí ~ *To come to / To come round.*
Volver en tren ~ *To return by train.*
Volver la cabeza ~ *To turn one's head.*
Volver la cara ~ *To turn away / To turn one's face away.*
Volver la espalda ~ *To turn one's back.*
Volver la espalda a alguien ~ *To turn one's back on someone.*
Volver la página ~ *To turn over the page.*
Volver la vista atrás ~ *To look back.*
Volver loco a alguien ~ *To drive someone mad / To drive someone to distraction.*
Volver sobre sus pasos ~ *To retrace one's steps.*
Volver un calcetín ~ *To turn a sock inside out.*
Volverse a alguien ~ *To turn to someone.*
Volverse atrás (cambiar de dirección) ~ *To go back.*
Volverse atrás (cambiar de opinión) ~ *To back out.*
Volverse boca abajo ~ *To turn face downwards.*
Volverse boca arriba ~ *To turn face upwards.*
Volverse contra alguien ~ *To turn against someone.*
Volverse loco ~ *To go mad.*
Volverse para mirar a alguien ~ *To turn to look at someone.*
Volviendo a nuestra historia ~ *To get back to our story.*
Votar a favor de alguien ~ *To vote for someone.*
Votar en contra de alguien ~ *To vote against someone.*

Y

Y además de todo esto ~ *And on top of all this.*
Y así sucesivamente ~ *And so on.*
Y bien? ~ *Well?*
Y eso que llovía ~ *In spite of the fact that it was raining.*
Y luego qué? ~ *What next? / And then what?*
Y para colmo ~ *And to top it all.*
Y por si eso fuera poco ~ *And as if that weren't enough.*
Y qué sé yo! ~ *And the Lord knows what! / And goodness knows what (else)!*
Y qué? ~ *So what?*
Y sin decir palabra ~ *And without a word / And without saying a word.*
Y todo lo demás ~ *And all the rest of it.*
Ya era hora! ~ *About time too!*
Ya pasó lo peor ~ *The worst is over.*
Ya que lo mencionas ~ *Now that you mention it.*
Ya veremos ~ *We shall see.*
Yo que tú ~ *If I were you.*

Z

Zarpar de Plymouth ~ *To sail from Plymouth / To set sail from Plymouth* .
Zarpar para Plymouth ~ *To sail for Plymouth / To set sail for Plymouth.*